चौदहवीं का चाँद

कविता, शायरी, ग़ज़ल....

श्रीराज मेनन

क्रम-सूची

क्रम-सूची

क्रम-सूची

क्रम-सूची

क्रम-सूची

भूमिका

पुस्तक में लेखक द्वारा लिखित हिंदी कविताएँ और शायरी शामिल हैं। इसमें कविताएं, शायरी और प्रेरणादायक उद्धरण शामिल हैं।

इस पुस्तक में लेखक द्वारा लिखी गई कुछ कविताएँ और शायरियाँ हैं जो प्रेम, प्रकृति और जीवन के सामान्य दैनिक पहलुओं पर आधारित हैं। कुछ प्रेरक प्रसंग भी हैं। प्यार में पाया गया प्यार, खोया हुआ प्यार और फिर से जगा हुआ प्यार शामिल है। इसी तरह, प्रकृति में प्रकृति का महत्व है और लोग बिना किसी दुष्प्रभाव के प्रकृति का अपने फायदे के लिए दुरुपयोग करते हैं। सामान्य में जीवन के सामान्य पहलू होते हैं जो लोगों और परिवेश के साथ चलते हैं।

पावती (स्वीकृति)

मैं अपने उन दोस्तों को धन्यवाद देना चाहता हूं जिन्होंने मुझे कविताएं और शायरी लिखने के लिए प्रेरित किया, जिसे मैं कहता था और भूल जाता था। मैं Your Quote प्लेटफॉर्म और उसके सभी सदस्यों और समूहों को भी धन्यवाद देना चाहता हूं जिन्होंने मुझे अनुमति दी और मुझे इसके मंच पर अपनी सामग्री लिखने के लिए प्रेरित किया। मैं नोशन प्रेस और उसके सभी सदस्यों को भी धन्यवाद देना चाहता हूं जिन्होंने मुझे अपनी सामग्री को अपने मंच और समय-समय पर मार्गदर्शन के माध्यम से प्रकाशित करने की अनुमति दी, जो उन्होंने मुझे मेरी त्रुटियों को ठीक करने के लिए दिया।

1. आसूदगी - संतुष्टि, तसल्ली

2. अहमक़ - मूर्ख, बेवकूफ़

3. अय्याम - बहुत से दिन, समय

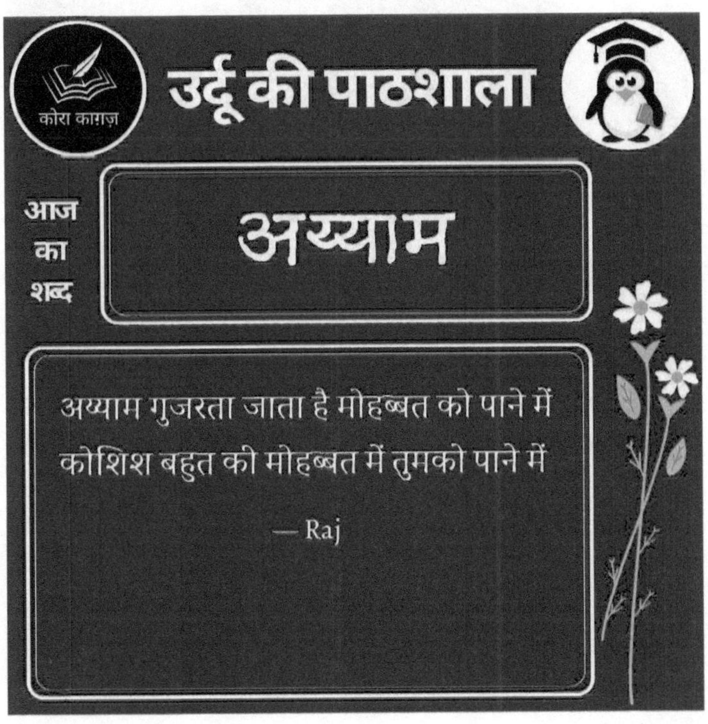

4. दर्द की गवाही

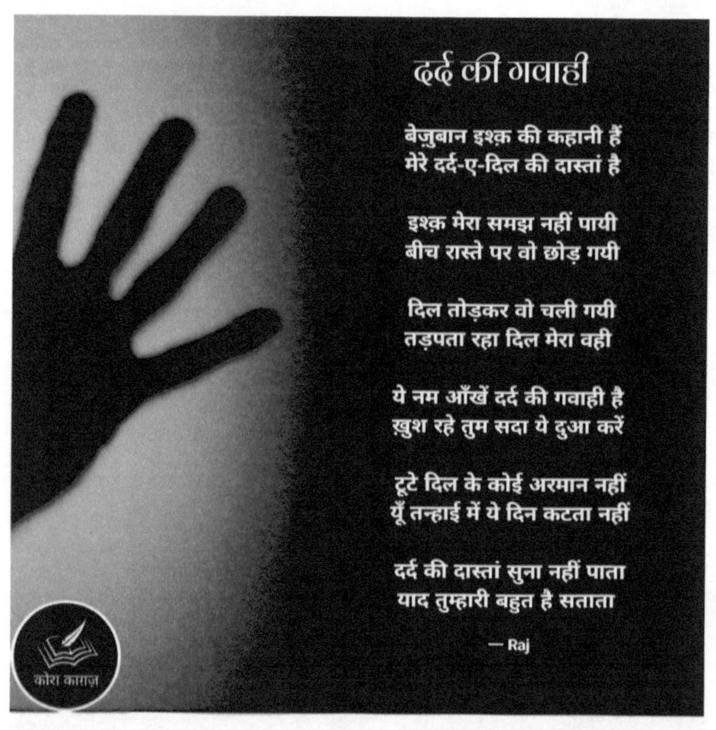

दर्द की गवाही

बेज़ुबान इश्क़ की कहानी हैं
मेरे दर्द-ए-दिल की दास्तां है

इश्क़ मेरा समझ नहीं पायी
बीच रास्ते पर वो छोड़ गयी

दिल तोड़कर वो चली गयी
तड़पता रहा दिल मेरा वही

ये नम आँखें दर्द की गवाही है
ख़ुश रहे तुम सदा ये दुआ करें

टूटे दिल के कोई अरमान नहीं
यूँ तन्हाई में ये दिन कटता नहीं

दर्द की दास्तां सुना नहीं पाता
याद तुम्हारी बहुत है सताता

— Raj

5. बेहतर की उम्मीद

5

6. गले का हार

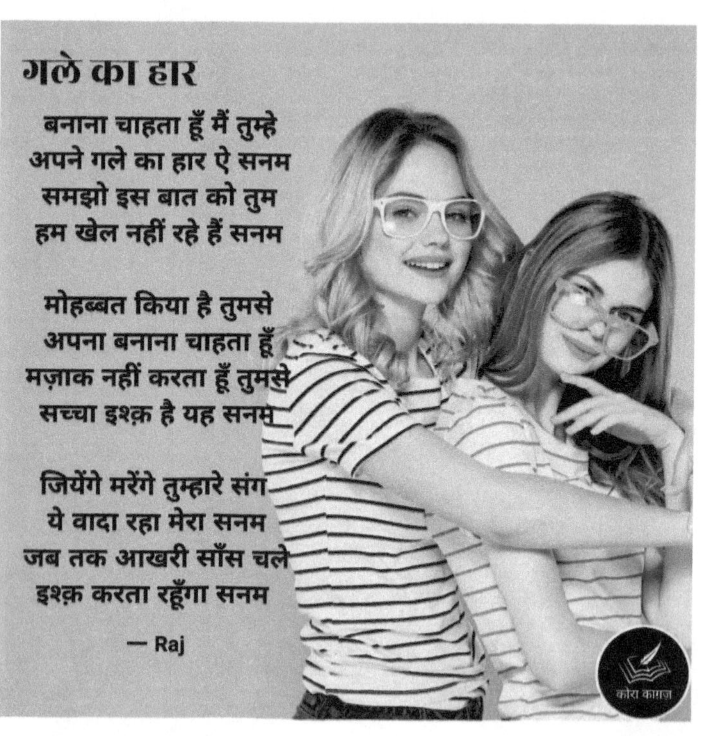

गले का हार

बनाना चाहता हूँ मैं तुम्हें
अपने गले का हार ऐ सनम
समझो इस बात को तुम
हम खेल नहीं रहे हैं सनम

मोहब्बत किया है तुमसे
अपना बनाना चाहता हूँ
मज़ाक नहीं करता हूँ तुमसे
सच्चा इश्क़ है यह सनम

जियेंगे मरेंगे तुम्हारे संग
ये वादा रहा मेरा सनम
जब तक आखरी साँस चले
इश्क़ करता रहूँगा सनम

— Raj

7. अपनी पगड़ी अपने हाथ

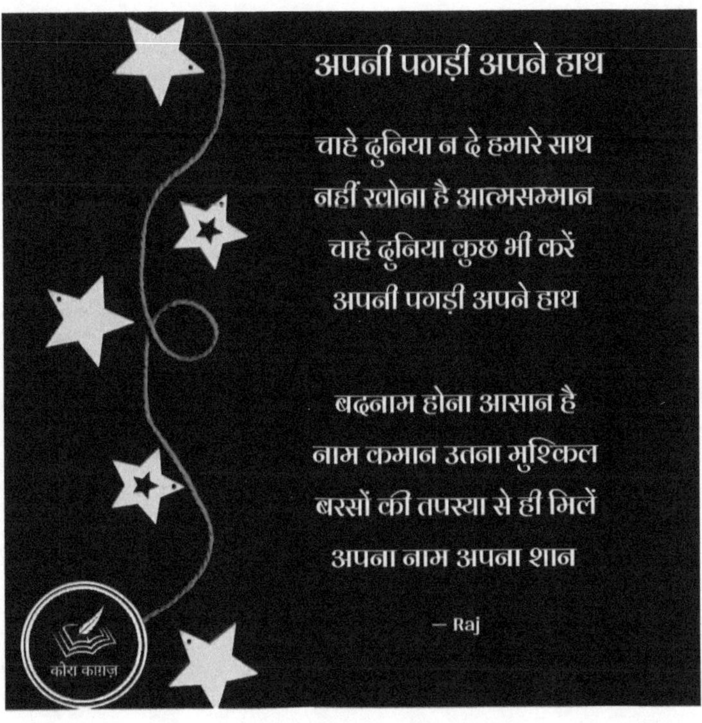

8. इधर की दुनिया उधर

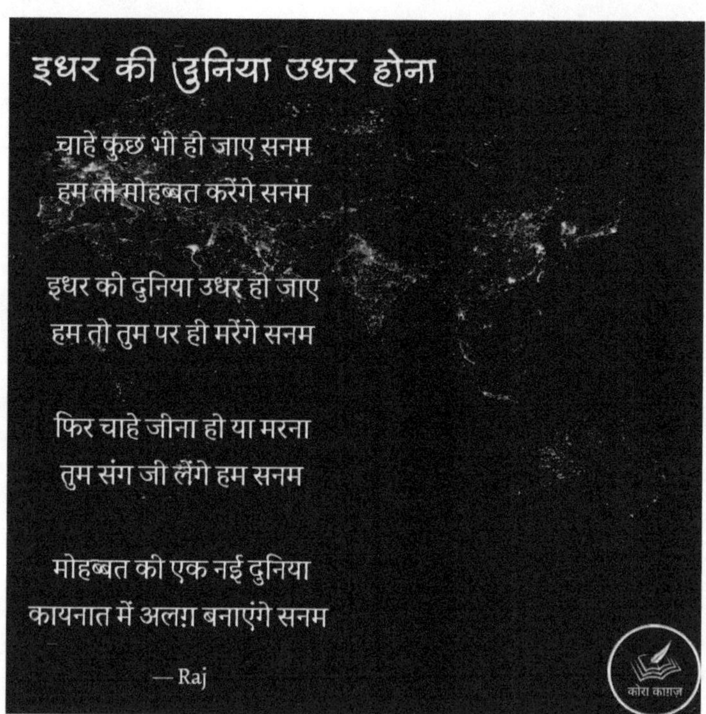

9. चौदहवीं का चाँद

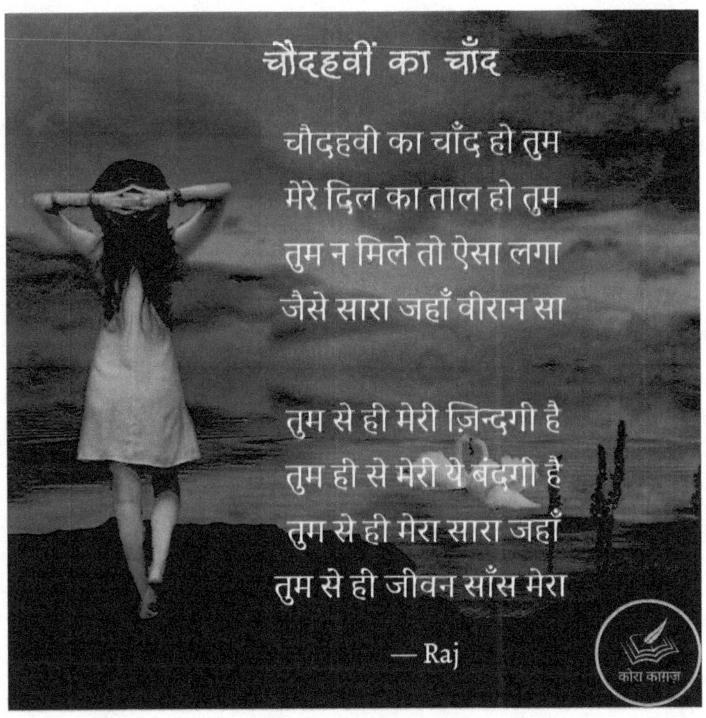

चौदहवीं का चाँद
चौदहवी का चाँद हो तुम
मेरे दिल का ताल हो तुम
तुम न मिले तो ऐसा लगा
जैसे सारा जहाँ वीरान सा

तुम से ही मेरी ज़िन्दगी है
तुम ही से मेरी ये बंदगी है
तुम से ही मेरा सारा जहाँ
तुम से ही जीवन साँस मेरा

— Raj

10. गुदड़ी का लाल

गुदड़ी का लाल

चिपक रहें है सब मुझसे
हर किसी को काम रहता है
तकलीफ अगर है किसी को
तो गुदड़ी का लाल जो ठहरे

हैं अगर इतना गुण मुझमें
उस गुण का फ़ायदा कर लें
लोगों का मन का ये विचार
न कभी बदले है न बदलेगा
— Raj

11. ख़ज़ाना ख़ुशियों का

ख़ज़ाना ख़ुशियों का

ढूंढ़ता रहा ज़िन्दगी भर
ख़ज़ाना ख़ुशियों का
कहीं नहीं मिला मुझे
दुनिया-ए-मोहब्बत का

जहाँ देखूँ दुखों का मंज़र
ग़म का साया फैला था
एक दूसरे से लड़ते लोग
चारों और साया नफ़रत का

कायनात भी रूठें हुए है
इन्सानों की इस रवैये से
इन्सान-इन्सान नहीं रहा
अब ख़ुशियों की कमी से

— Raj

12. श्रृंगार मोहब्बत का

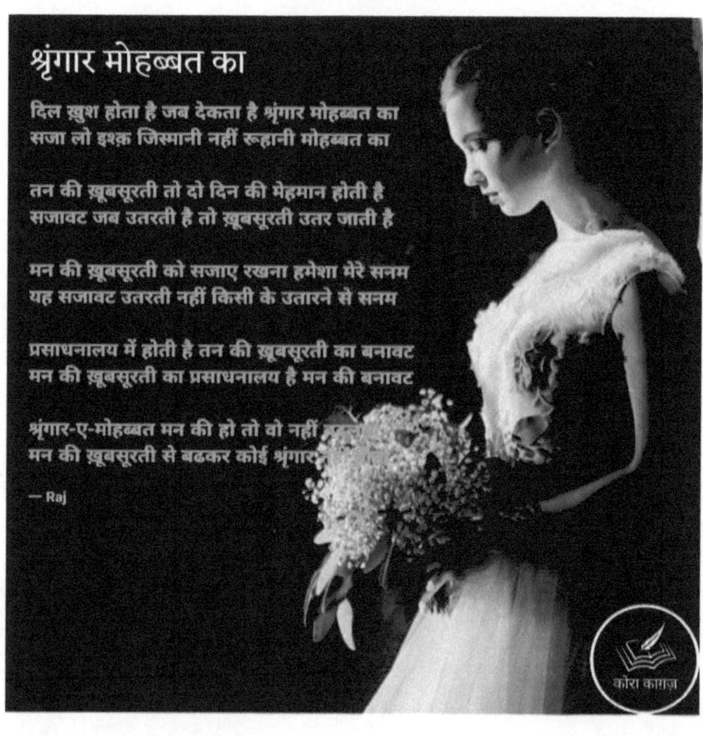

13. यकसू - जुड़ा हुआ, केंद्रित

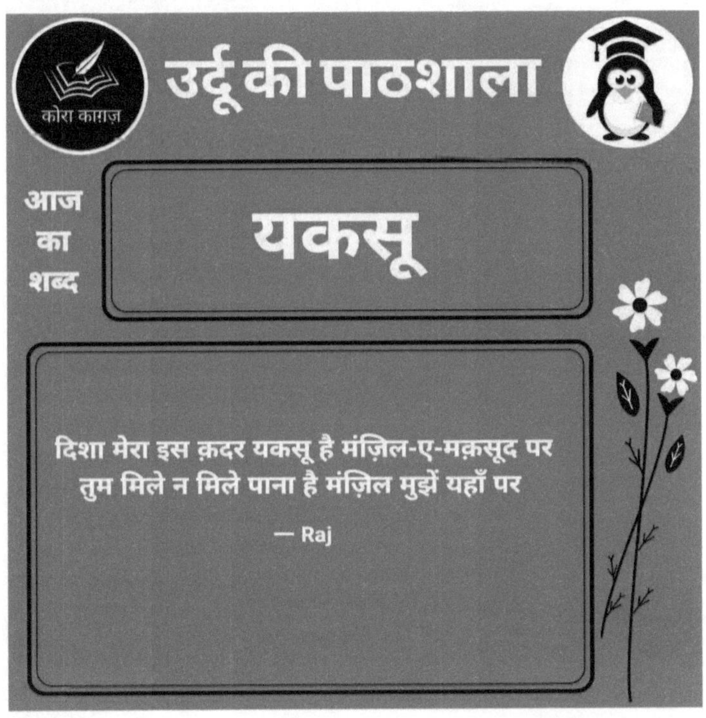

14. पानी का बुलबुला

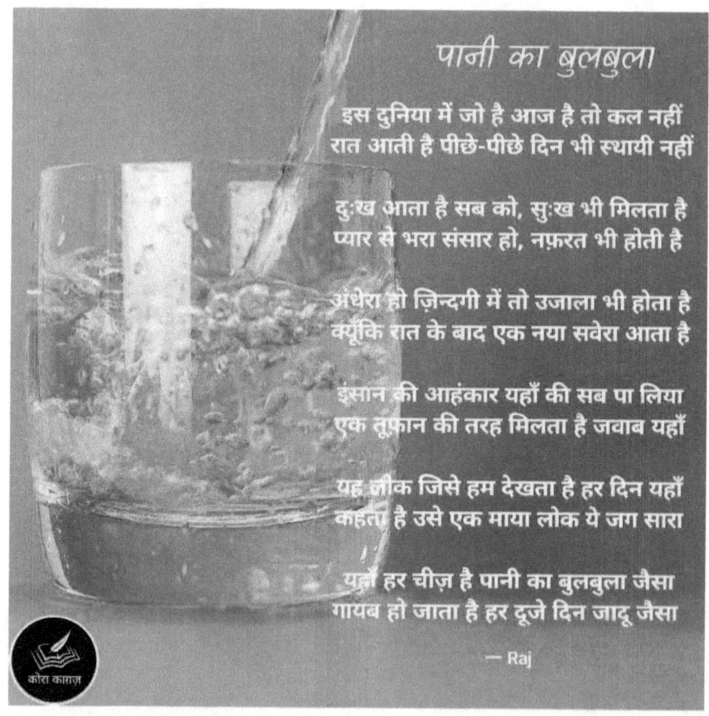

पानी का बुलबुला

इस दुनिया में जो है आज है तो कल नहीं
रात आती है पीछे-पीछे दिन भी स्थायी नहीं

दु:ख आता है सब को, सु:ख भी मिलता है
प्यार से भरा संसार हो, नफ़रत भी होती है

अंधेरा हो ज़िन्दगी में तो उजाला भी होता है
क्यूँकि रात के बाद एक नया सवेरा आता है

इंसान की आहंकार यहाँ की सब पा लिया
एक तूफ़ान की तरह मिलता है जवाब यहाँ

यह लोक जिसे हम देखता है हर दिन यहाँ
कहता है उसे एक माया लोक ये जग सारा

यहाँ हर चीज़ है पानी का बुलबुला जैसा
गायब हो जाता है हर दूजे दिन जादू जैसा

— Raj

15. शिकायत है तुमसे

शिकायत है तुमसे
दूर चले जाते हो हमसे कुछ इस क़दर
चला तो चला गया पर नही कुछ ख़बर

सालों साल बीत गये पर नही आये मगर
शिकायत है तुमसे तुम नही आते नज़र

कभी तो आ जाओ मुझे मिलने यहाँ पर
इश्क़ किया तोड़ा सा मोहब्बत किया कर

तन्हाई अब सहा नही जाता है मुझसे और
कभी तो आकर अपने संग ले जाया कर

— Raj

16. नवाज़िश - कृपा, मेहरबानी

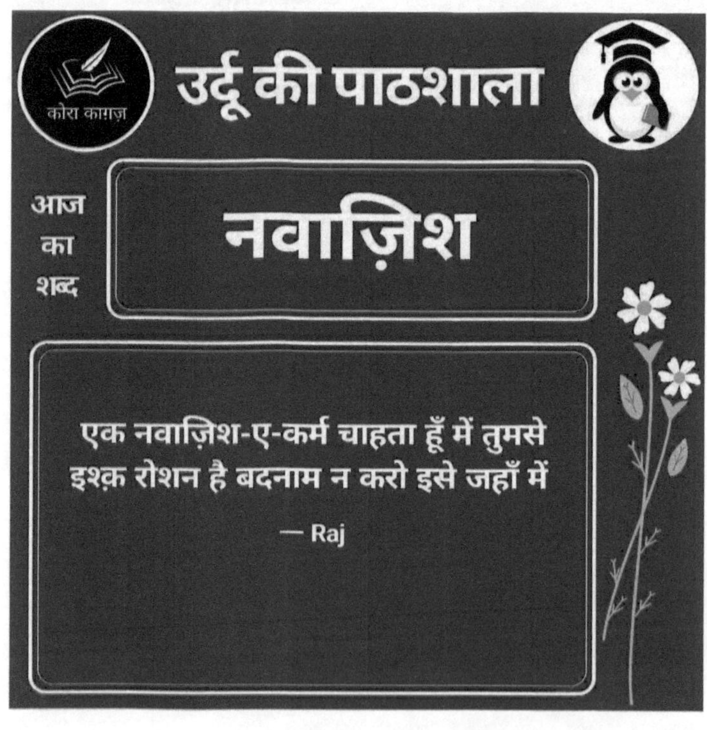

17. पल दो पल की कहानी

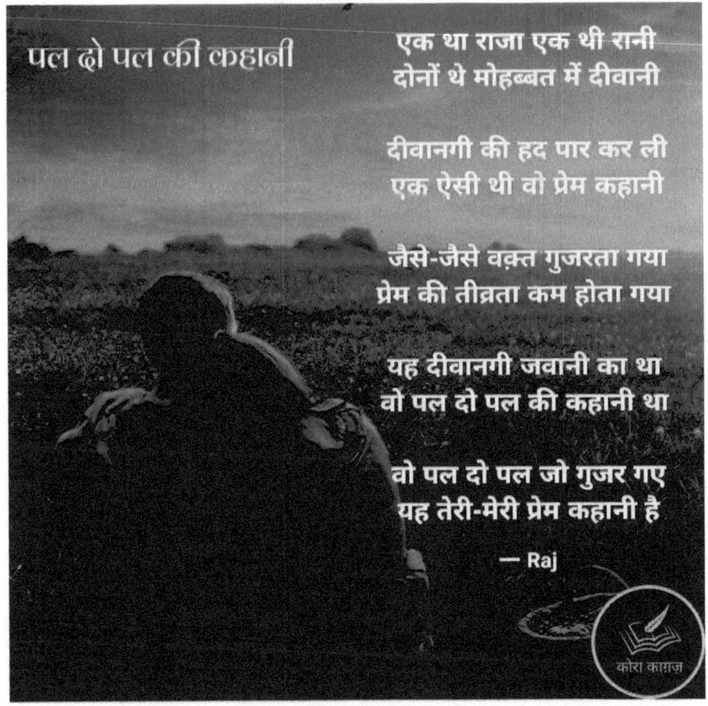

18. गड़े मुर्दे उखाड़ना

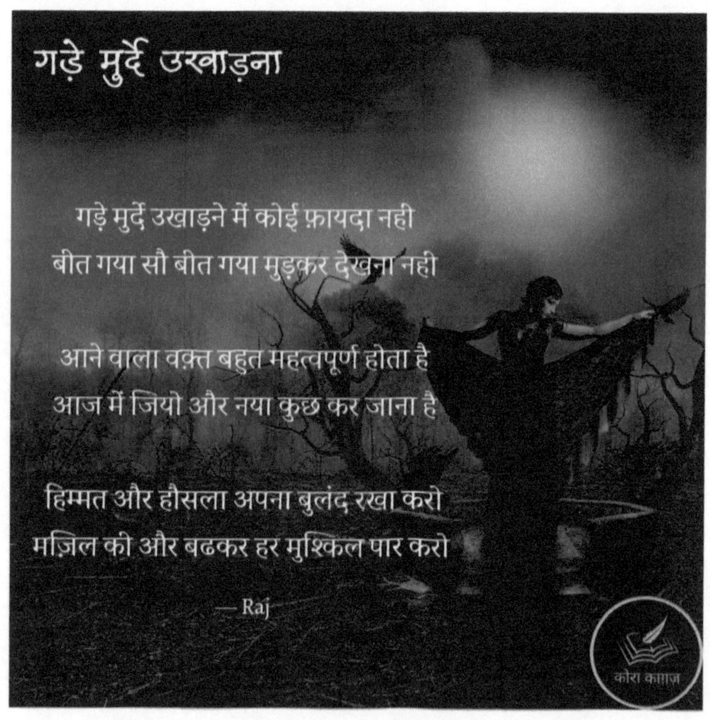

19. गुज़िश्ता - गुज़रा हुआ, भूतकाल

20. अज़ीज़-तर - करीबी, प्रिये

21. एहतिमाल - शंका, संदेह

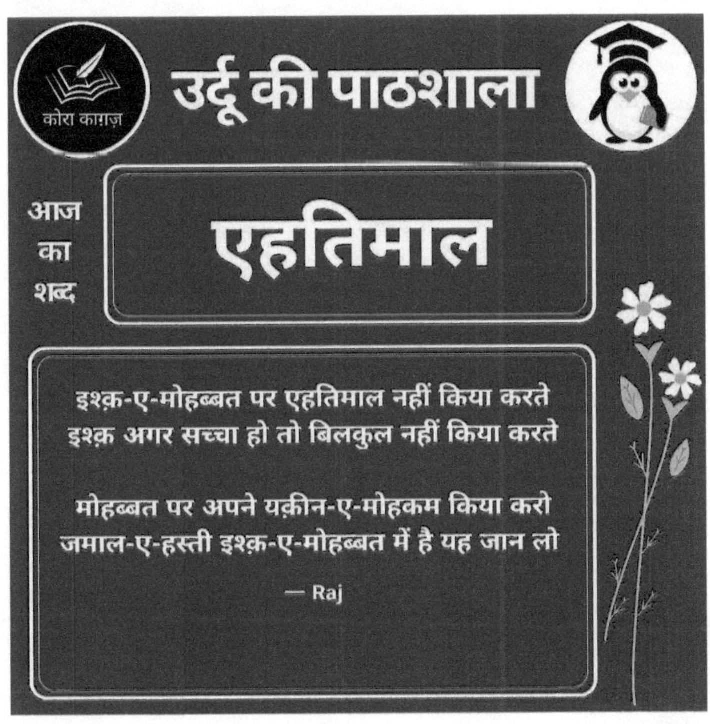

22. इंतज़ार के लम्हे

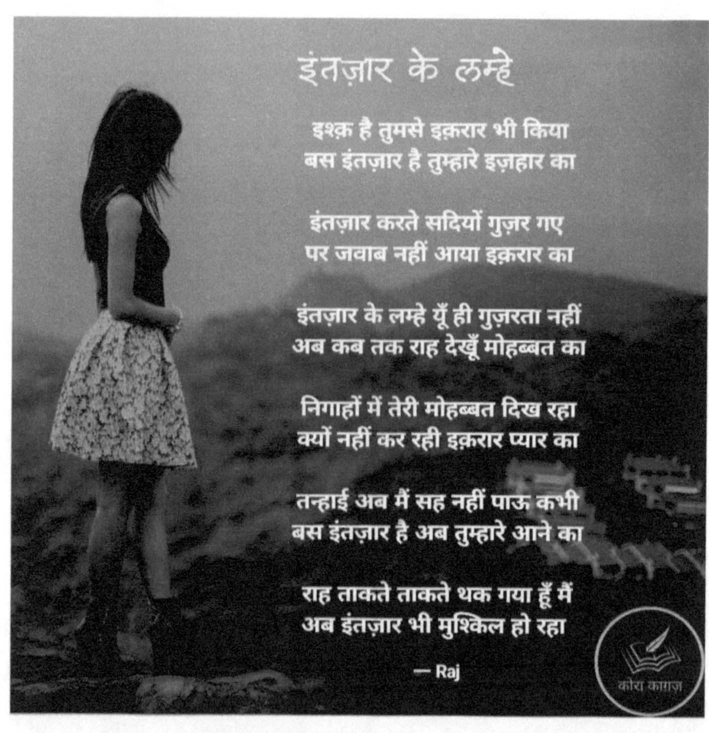

इंतज़ार के लम्हे

इश्क़ है तुमसे इक़रार भी किया
बस इंतज़ार है तुम्हारे इज़हार का

इंतज़ार करते सदियों गुज़र गए
पर जवाब नहीं आया इक़रार का

इंतज़ार के लम्हे यूँ ही गुज़रता नहीं
अब कब तक राह देखूँ मोहब्बत का

निगाहों में तेरी मोहब्बत दिख रहा
क्यों नहीं कर रही इक़रार प्यार का

तन्हाई अब मैं सह नहीं पाऊ कभी
बस इंतज़ार है अब तुम्हारे आने का

राह ताकते ताकते थक गया हूँ मैं
अब इंतज़ार भी मुश्किल हो रहा

— Raj

23. चाहत और मजबूरी

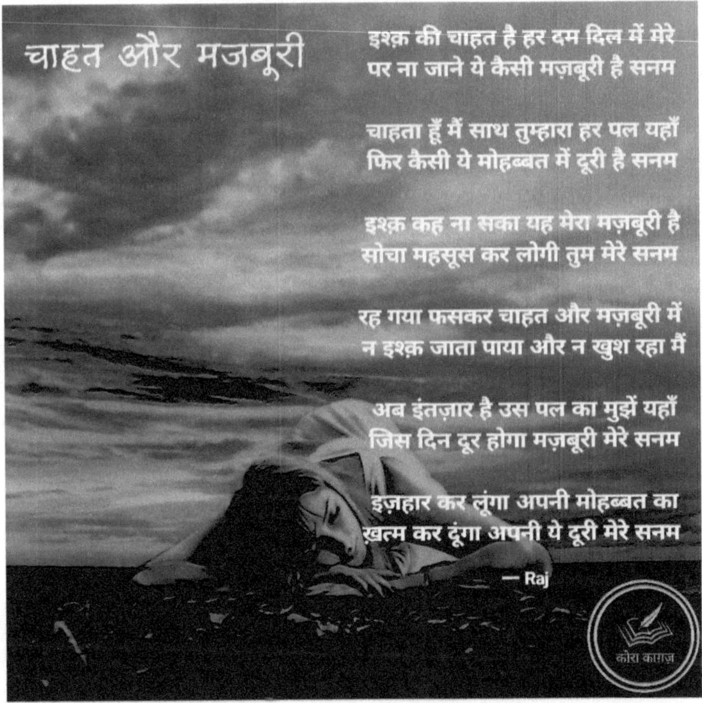

24. हरीफ़ - प्रतिद्वंद्वी

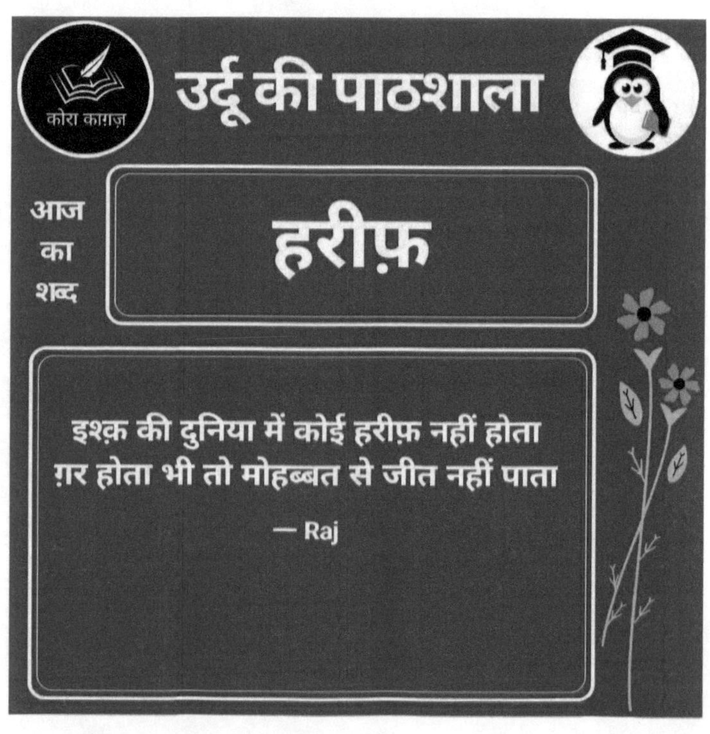

25. आज़माकर न देख

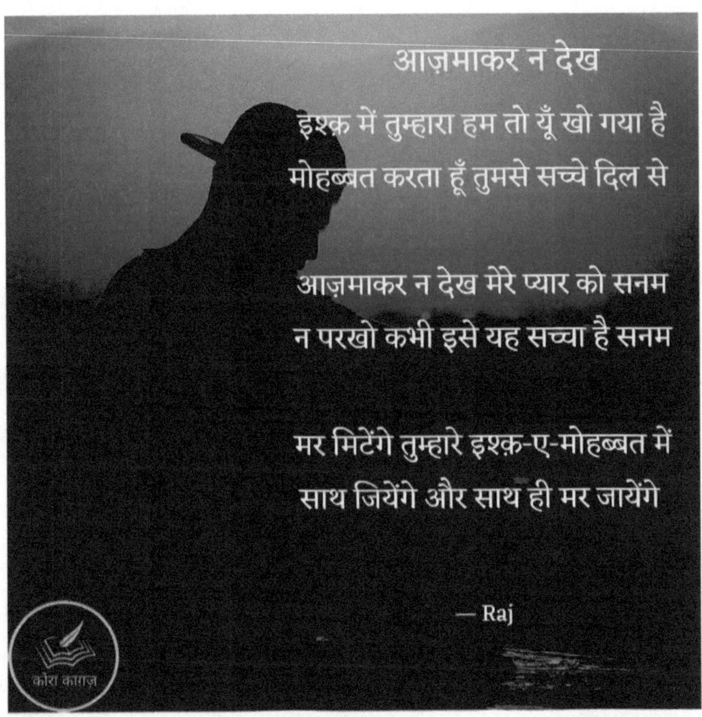

आज़माकर न देख

इश्क़ में तुम्हारा हम तो यूँ खो गया है
मोहब्बत करता हूँ तुमसे सच्चे दिल से

आज़माकर न देख मेरे प्यार को सनम
न परखो कभी इसे यह सच्चा है सनम

मर मिटेंगे तुम्हारे इश्क़-ए-मोहब्बत में
साथ जियेंगे और साथ ही मर जायेंगे

— Raj

26. शबाहत - मिलता-जुलता

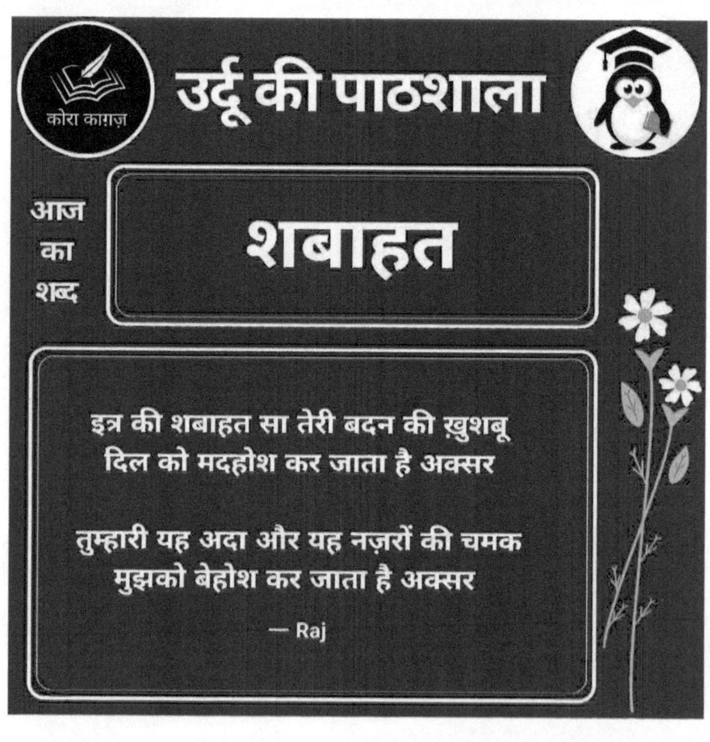

27. जब हम बिछड़े

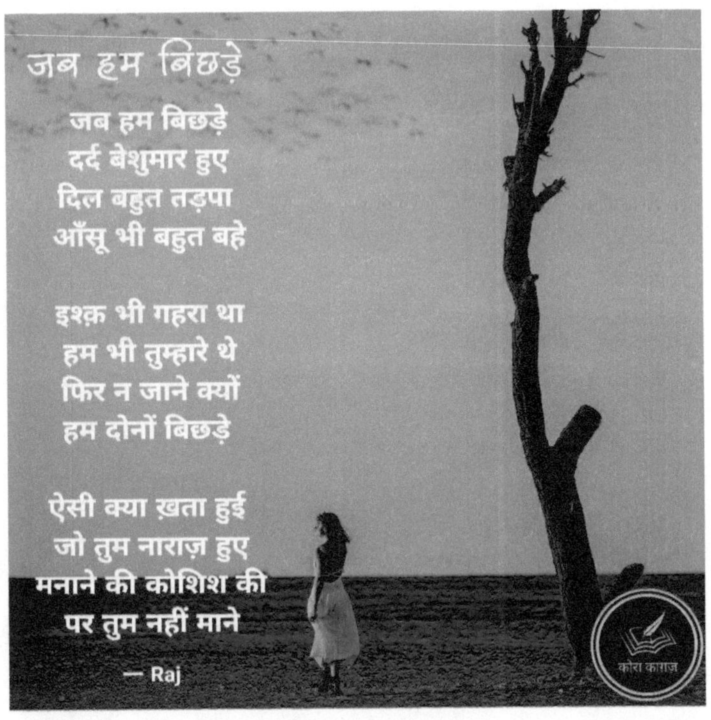

जब हम बिछड़े

जब हम बिछड़े
दर्द बेशुमार हुए
दिल बहुत तड़पा
आँसू भी बहुत बहे

इश्क़ भी गहरा था
हम भी तुम्हारे थे
फिर न जाने क्यों
हम दोनों बिछड़े

ऐसी क्या ख़ता हुई
जो तुम नाराज़ हुए
मनाने की कोशिश की
पर तुम नहीं माने

— Raj

28. युगांतर उपस्थित करना

29. एहसान ज़िन्दगी का

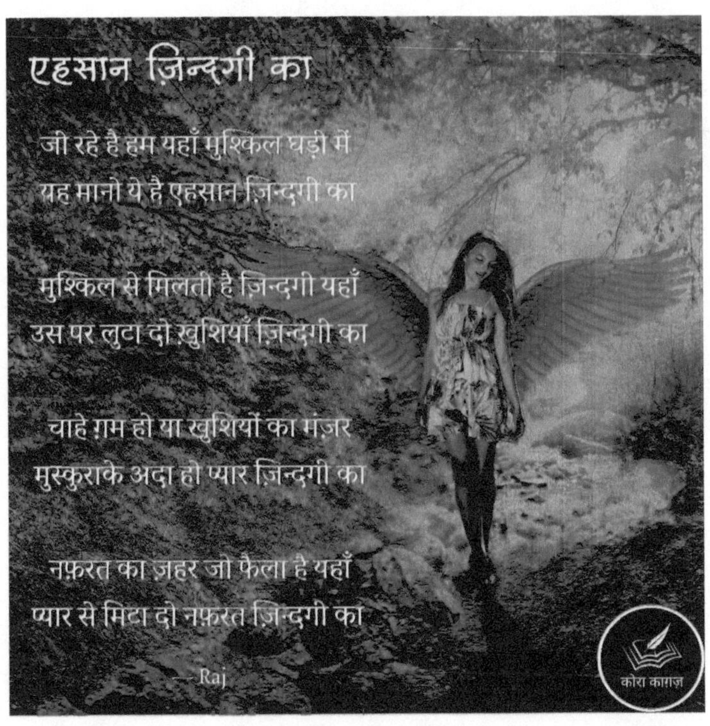

30. तू शामिल है मुझमें

तू शामिल है मुझमें

जिस तरह चाँद सूरज के बिना अधूरा है
उसी तरह तुम्हारे बिना सब कुछ अधूरा है

सूरज की रोशिनी के बिना चाँदनी नहीं है
तू शामिल है मुझमें उसी चाँदनी की तरह

मैं सूरज की रौशनी और तुम मेरा चाँदनी
अपना इश्क़ भी है जैसा बेहता हुआ पानी

बिना पानी जैसे इन्सान तड़पता है प्यास से
उसी तरह तुम बिन मैं तड़प जाता हूँ प्यार से

मेरे रग रग में बस तुम ही तुम बसें इस तरह
जैसे जिस्म में रूह का बसेरा हो उस तरह

— Raj

31. याद आते हो तुम

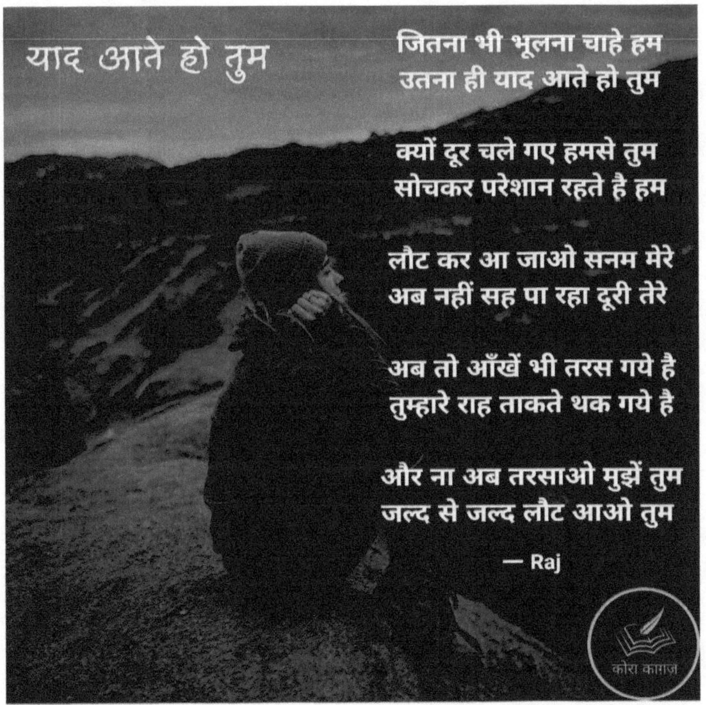

याद आते हो तुम

जितना भी भूलना चाहे हम
उतना ही याद आते हो तुम

क्यों दूर चले गए हमसे तुम
सोचकर परेशान रहते है हम

लौट कर आ जाओ सनम मेरे
अब नहीं सह पा रहा दूरी तेरे

अब तो आँखें भी तरस गये है
तुम्हारे राह ताकते थक गये है

और ना अब तरसाओ मुझें तुम
जल्द से जल्द लौट आओ तुम

— Raj

कोरा कागज़

32. जुग-जुग जियो

जुग-जुग जियो
जुग-जुग जियो तुम और सदा फूलों फलों
जीवन की सारी खुशियाँ तुम अपनी करलो
कदम चूमे कामयाबी और तरक्की हो जाये
झुके सारी दुनिया तुम्हारे कामयाबी के आगे
हौसला बुलंद रख कदम बढ़ाते चलते चलो
हर रास्ते आसान हो और मंज़िल नसीब हो
— Raj

33. इंतिसाब - समर्पण, निष्ठा

34. पैरहन - पोशाक, लिबास

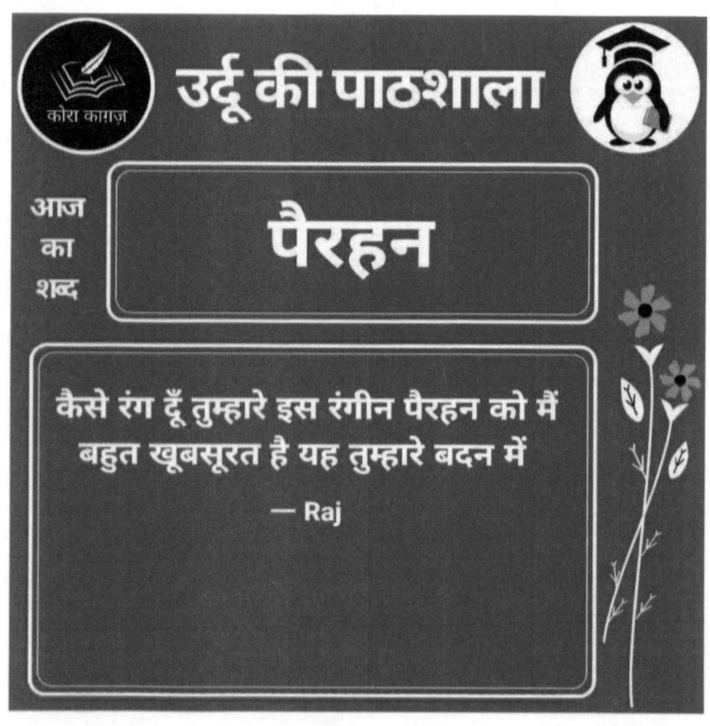

35. ख़ुशियों की तलाश

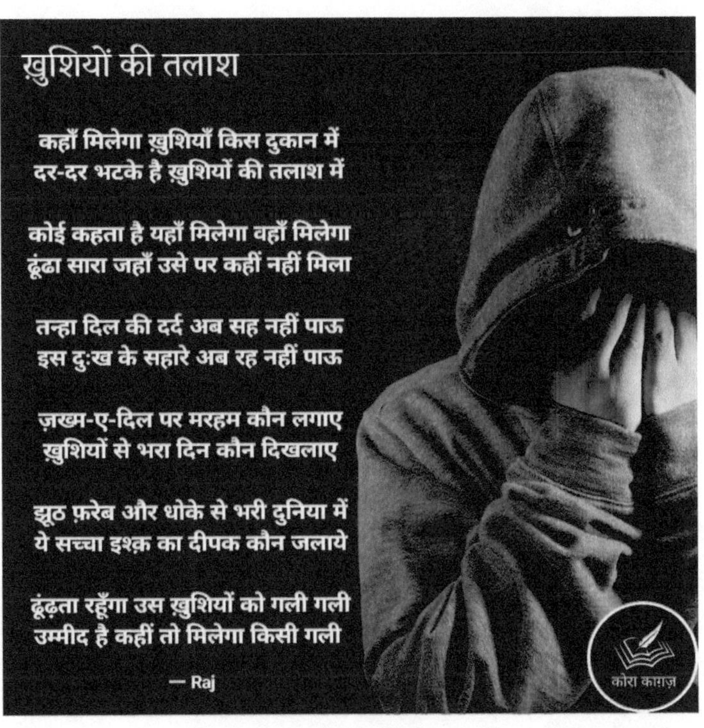

ख़ुशियों की तलाश

कहाँ मिलेगा ख़ुशियाँ किस दुकान में
दर-दर भटके है ख़ुशियों की तलाश में

कोई कहता है यहाँ मिलेगा वहाँ मिलेगा
ढूंढा सारा जहाँ उसे पर कहीं नहीं मिला

तन्हा दिल की दर्द अब सह नहीं पाऊ
इस दुःख के सहारे अब रह नहीं पाऊ

ज़ख्म-ए-दिल पर मरहम कौन लगाए
ख़ुशियों से भरा दिन कौन दिखलाए

झूठ फ़रेब और धोके से भरी दुनिया में
ये सच्चा इश्क़ का दीपक कौन जलाये

ढूंढ़ता रहूँगा उस ख़ुशियों को गली गली
उम्मीद है कहीं तो मिलेगा किसी गली

— Raj

36. ख़ुरसंद - ख़ुश, प्रसन्न

37. ख़्वाहिश दिल की

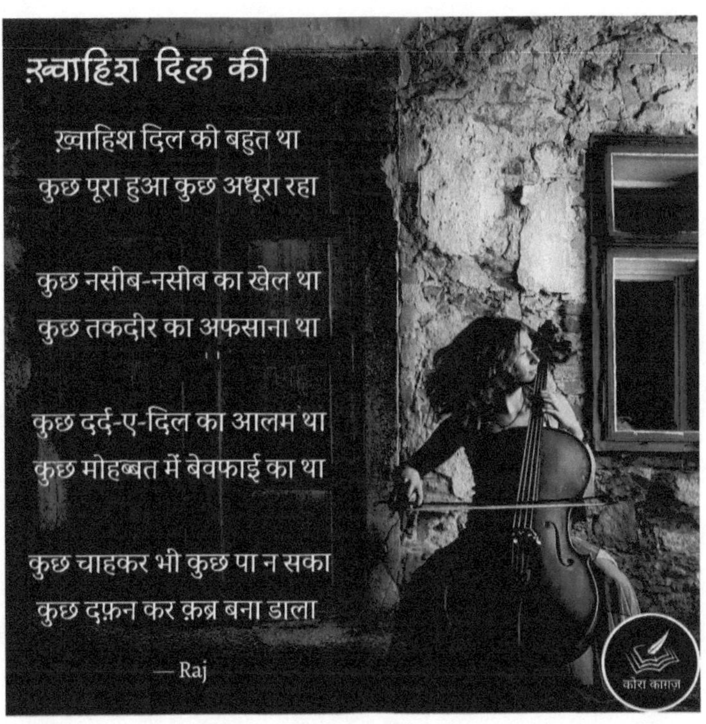

ख़्वाहिश दिल की

ख़्वाहिश दिल की बहुत था
कुछ पूरा हुआ कुछ अधूरा रहा

कुछ नसीब-नसीब का खेल था
कुछ तकदीर का अफ़साना था

कुछ दर्द-ए-दिल का आलम था
कुछ मोहब्बत में बेवफ़ाई का था

कुछ चाहकर भी कुछ पा न सका
कुछ दफ़न कर क़ब्र बना डाला

—Raj

38. कैसे कह दूँ मैं

कैसे कह दूँ मैं

कहना चाहूँ पर कह नहीं पाऊ मैं
फिर मैं सोचूँ यह कैसे कह दूँ मैं

अजीब सा कशमकश है ज़िन्दगी की
कुछ करना चाहूँ पर कर ना पाऊ मैं
मोहब्बत है तुमसे समझ लोगी तुम
पर तुम नहीं समझी कैसे जताऊ मैं

कहना चाहूँ पर कह नहीं पाऊ मैं
फिर मैं सोचूँ यह कैसे कह दूँ मैं

यूँ तुम्हें चाहना तो बहुत आसान था
मगर उस चाहत को कैसे बताऊ मैं
इस मन में उलझने भी बहुत सारे है
मगर कहे बिना कैसे सुलझाऊ मैं

कहना चाहूँ पर कह नहीं पाऊ मैं
फिर मैं सोचूँ यह कैसे कह दूँ मैं

— Raj

39. प्राणों की बाज़ी लगाना

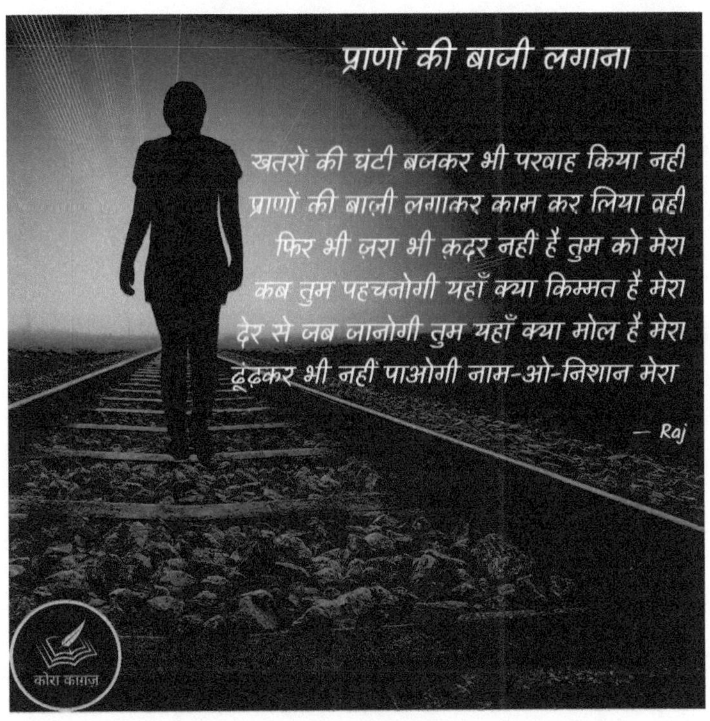

40. मन की आवाज़

मन की आवाज़

किसी की कहना नहीं मन की आवाज़ सुनो
अपने मन से बड़ा कोई गुरु नहीं यह समझो

मन की मंदिर में अगर कोई देवता बसे है यहाँ
उस देवता को पूजकर मनोकामना पूरी करो

जो सही रास्ता दिखाए वो यह मन है तुम्हारा
मन की उस रास्ते पर बिन डरे चल लिया करो

— Raj

गुस्से पर क़ाबू

कितना गुस्सा आता है
देकता हूँ अत्याचार यहाँ
गुस्से पर क़ाबू कैसे करें
देकता हूँ नाइंसाफी यहाँ

इन्सान-इन्सान ना रहा
ऐवान से भरा सारा जहाँ
जहाँ देखूँ बस मौत ही है
चारों ओर लाशें भरा हुआ

कालाबाज़ारी कर अपने
जेबें भर रहें है लोग यहाँ
महामारी से तड़पते लोग
और फायदा उठा रहा जहाँ

यह दर्दनाक मंजर देककर
कैसे ना करें गुस्सा यहाँ
सय्यम को पालकर बैठे है
इन्सानियत की करके दुआ

— Raj

42. जिस धरती पर जन्म लिया

43. कभी घी घना, कभी मुट्ठी चना

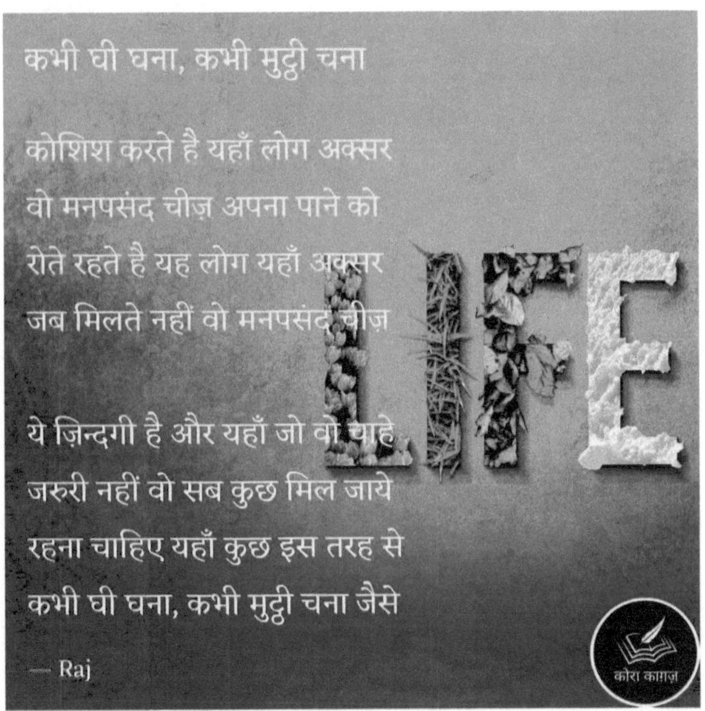

44. बावर - आत्मविश्वास, आस्था

45. चिकनी चुपड़ी बातें करना

46. गुस्ताख़ नज़रें

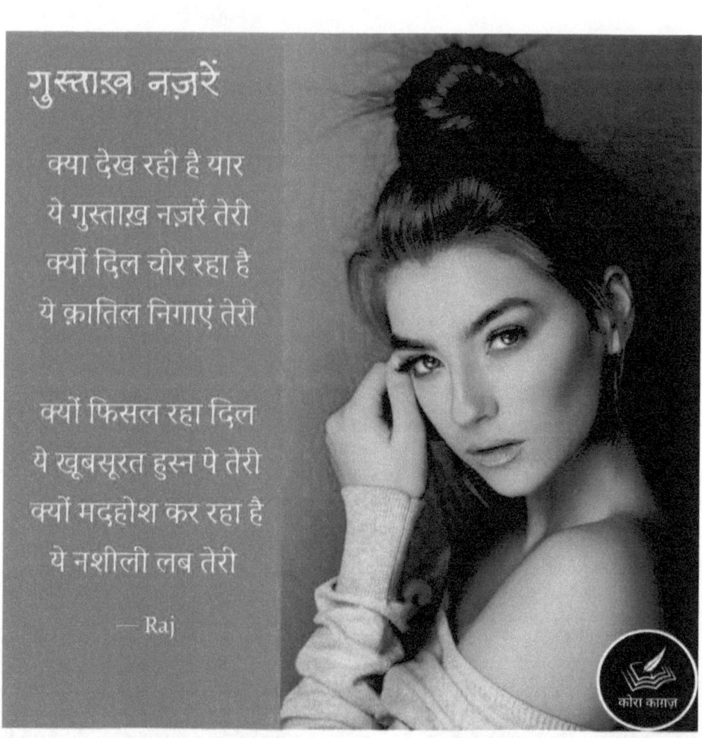

गुस्ताख़ नज़रें

क्या देख रही है यार
ये गुस्ताख़ नज़रें तेरी
क्यों दिल चीर रहा है
ये क़ातिल निगाएं तेरी

क्यों फिसल रहा दिल
ये खूबसूरत हुस्न पे तेरी
क्यों मदहोश कर रहा है
ये नशीली लब तेरी

— Raj

47. मौजज़न - बहता हुआ

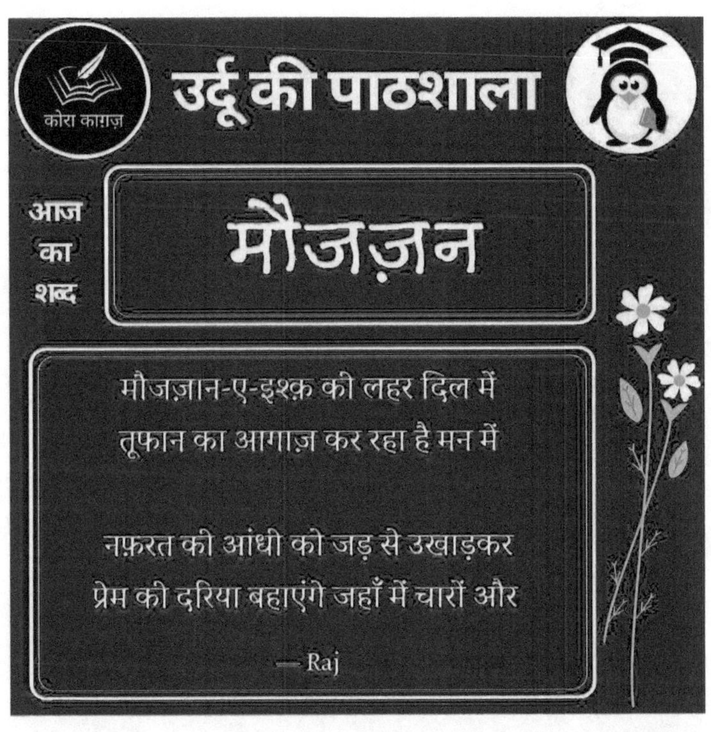

48. ना-सिपास - एहसान फ़रामोश

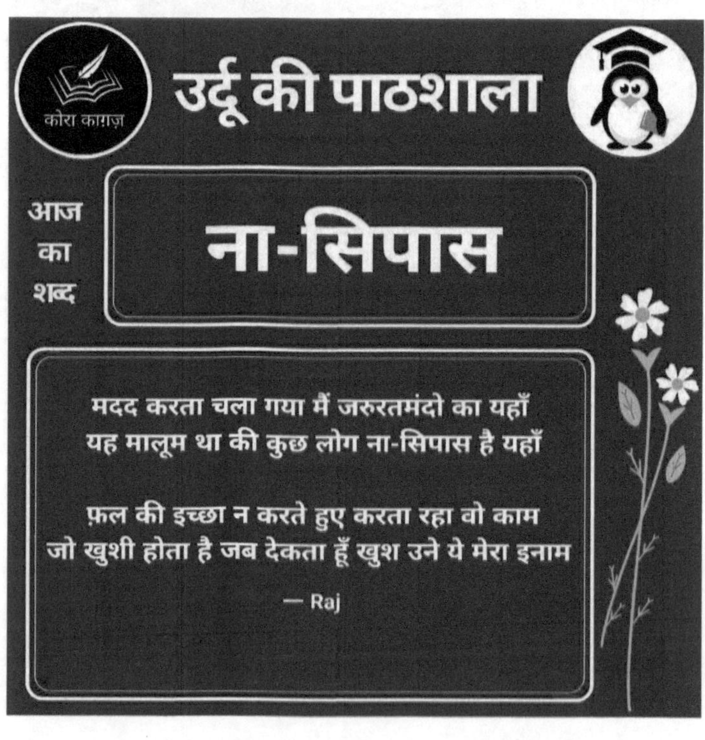

49. गया वक़्त फिर हाथ नहीं आता

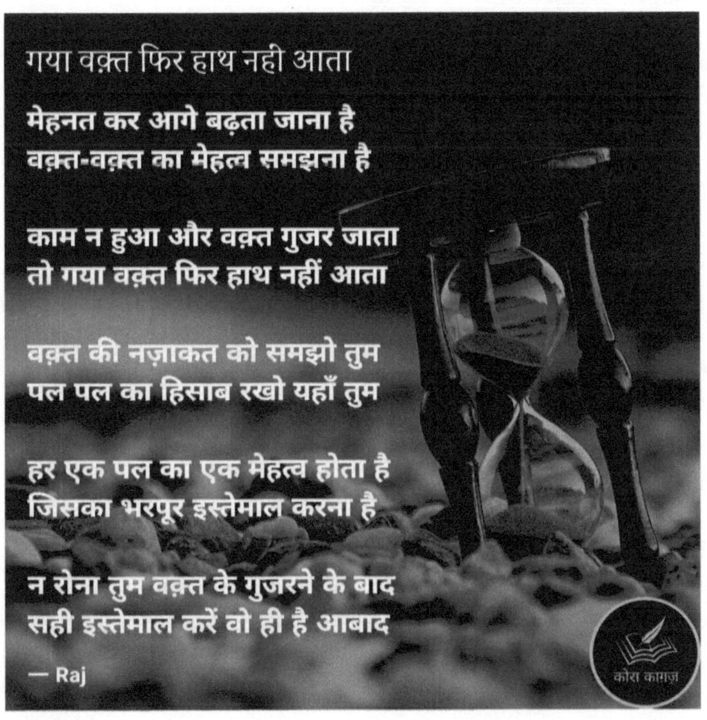

50. चारासाज़ - बिगड़ा काम बनाने वाला

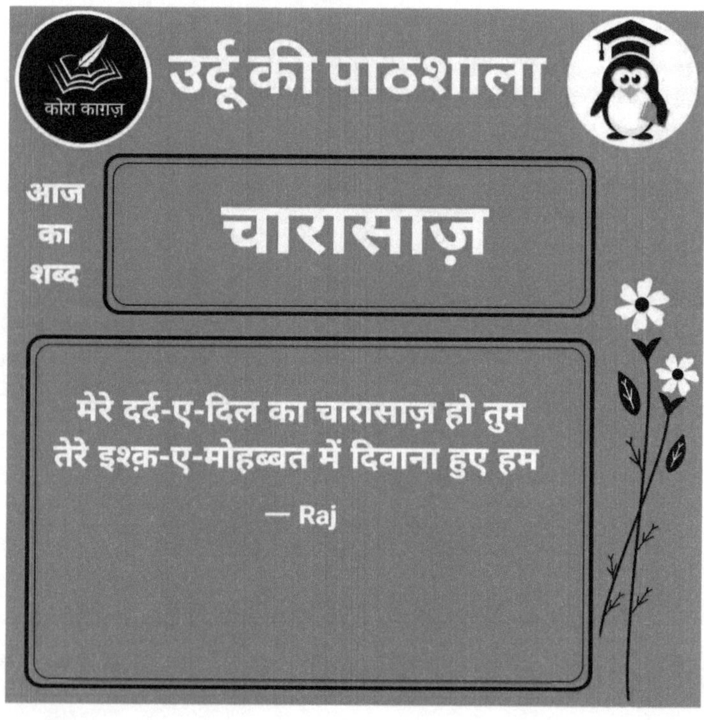

51. बेकार से बेगार भली

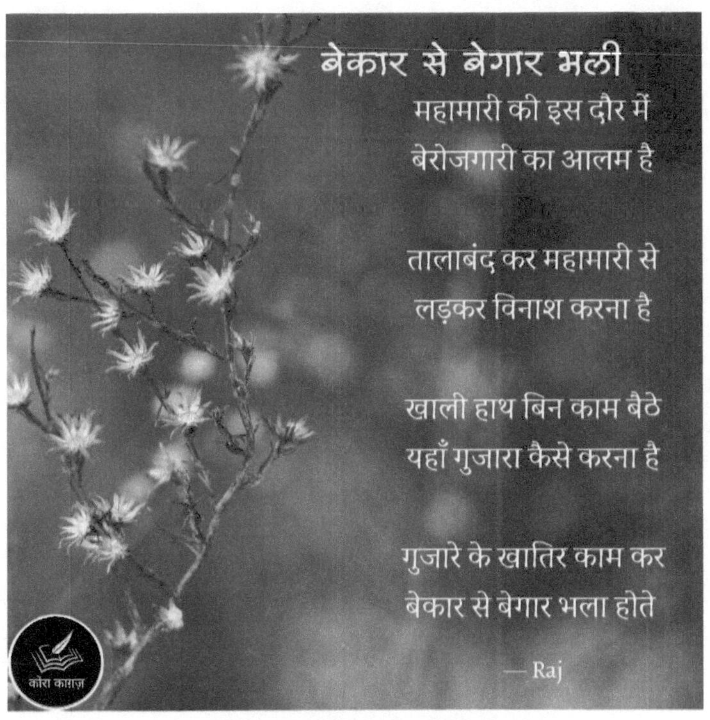

52. अलविदा न कहना

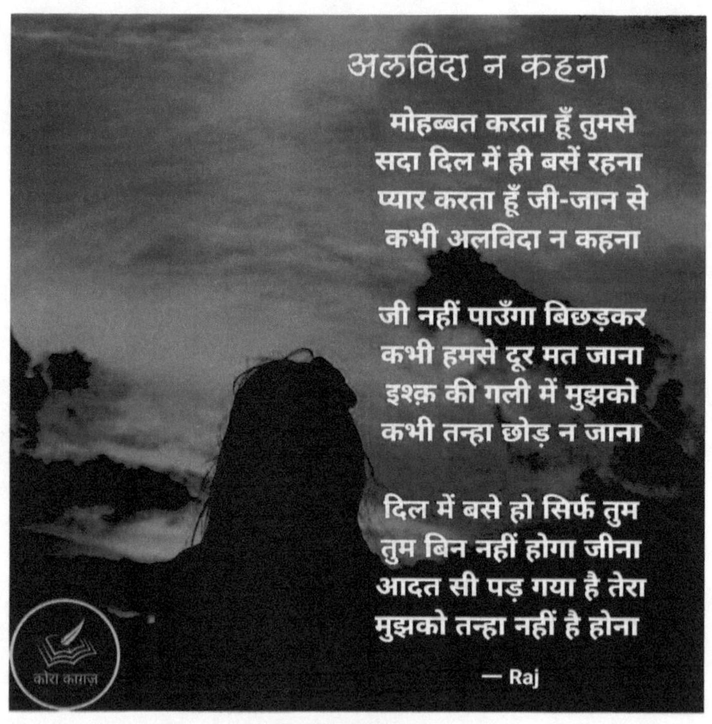

अलविदा न कहना

मोहब्बत करता हूँ तुमसे
सदा दिल में ही बसें रहना
प्यार करता हूँ जी-जान से
कभी अलविदा न कहना

जी नहीं पाउँगा बिछड़कर
कभी हमसे दूर मत जाना
इश्क़ की गली में मुझको
कभी तन्हा छोड़ न जाना

दिल में बसे हो सिर्फ तुम
तुम बिन नहीं होगा जीना
आदत सी पड़ गया है तेरा
मुझको तन्हा नहीं है होना

— Raj

53. मक़्दूर - ताकत, अधिकार

54. मुबहम - छुपा हुआ, धुंधला

55. देर से ही सही

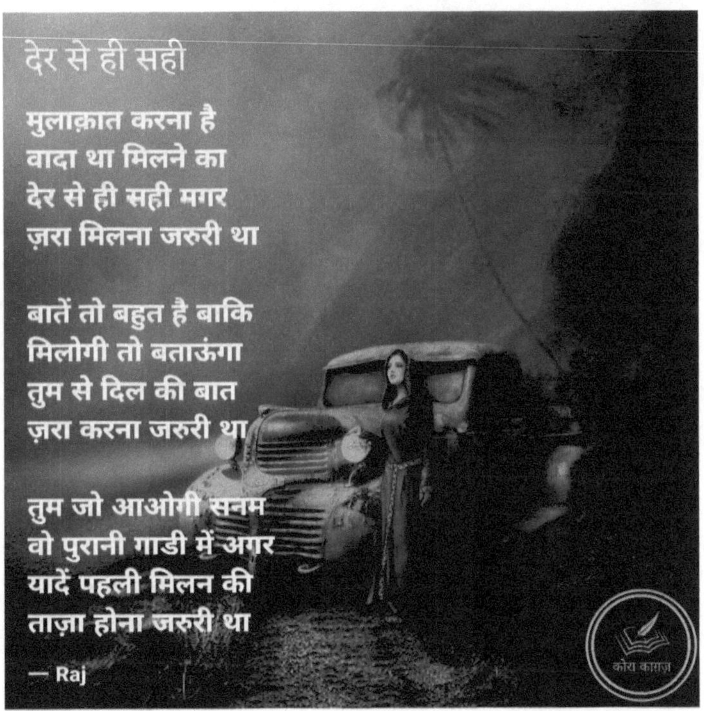

देर से ही सही

मुलाक़ात करना है
वादा था मिलने का
देर से ही सही मगर
ज़रा मिलना जरुरी था

बातें तो बहुत है बाकि
मिलोगी तो बताऊंगा
तुम से दिल की बात
ज़रा करना जरुरी था

तुम जो आओगी सनम
वो पुरानी गाडी में अगर
यादें पहली मिलन की
ताज़ा होना जरुरी था

— Raj

56. मुमकिन नहीं साथ

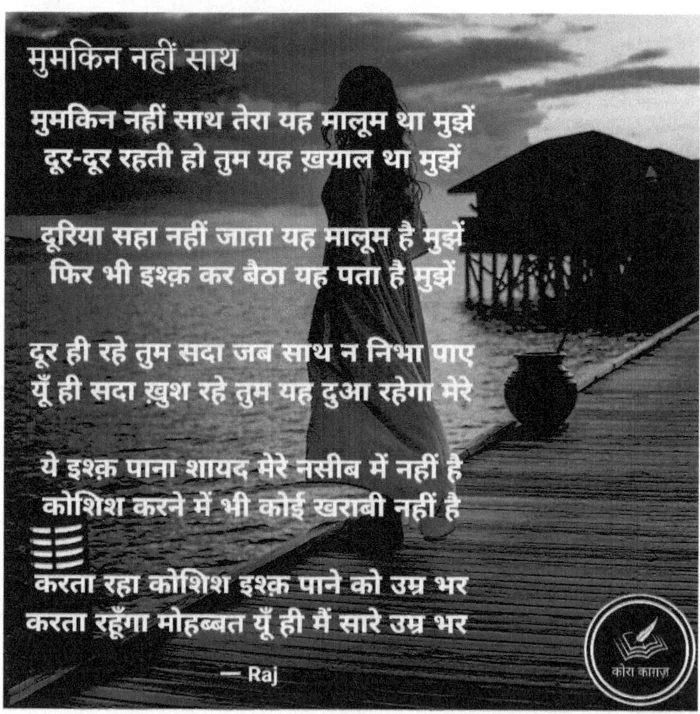

मुमकिन नहीं साथ

मुमकिन नहीं साथ तेरा यह मालूम था मुझे
दूर-दूर रहती हो तुम यह ख़याल था मुझे

दूरिया सहा नहीं जाता यह मालूम है मुझे
फिर भी इश्क़ कर बैठा यह पता है मुझे

दूर ही रहे तुम सदा जब साथ न निभा पाए
यूँ ही सदा ख़ुश रहे तुम यह दुआ रहेगा मेरे

ये इश्क़ पाना शायद मेरे नसीब में नहीं है
कोशिश करने में भी कोई खराबी नहीं है

करता रहा कोशिश इश्क़ पाने को उम्र भर
करता रहूँगा मोहब्बत यूँ ही मैं सारे उम्र भर

— Raj

57. मुक़फ़्फ़ल - बंद

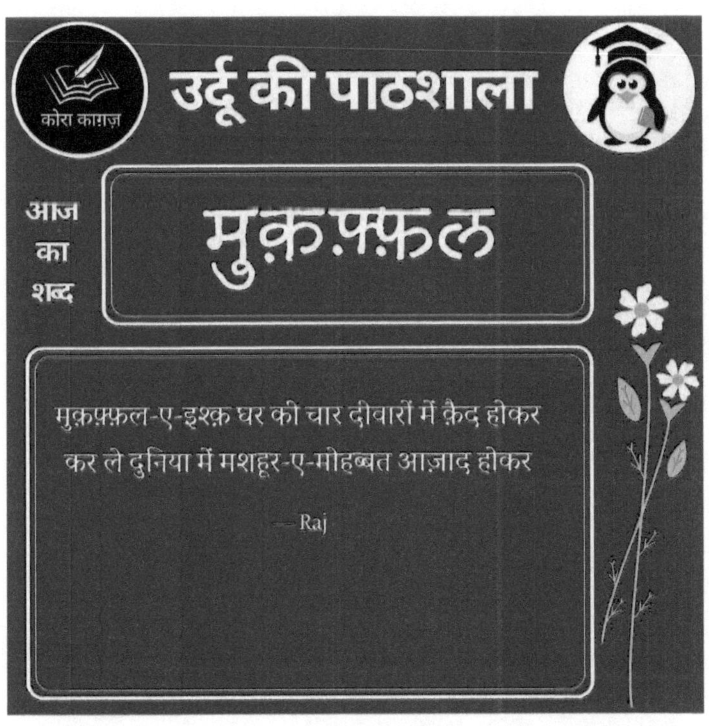

उर्दू की पाठशाला
कोरा काग़ज़
आज का शब्द
मुक़.फ़.फ़ल
मुक़फ़्फ़ल-ए-इश्क़ घर की चार दीवारों में क़ैद होकर
कर ले दुनिया में मशहूर-ए-मोहब्बत आज़ाद होकर
— Raj

58. नासिर - मददगार

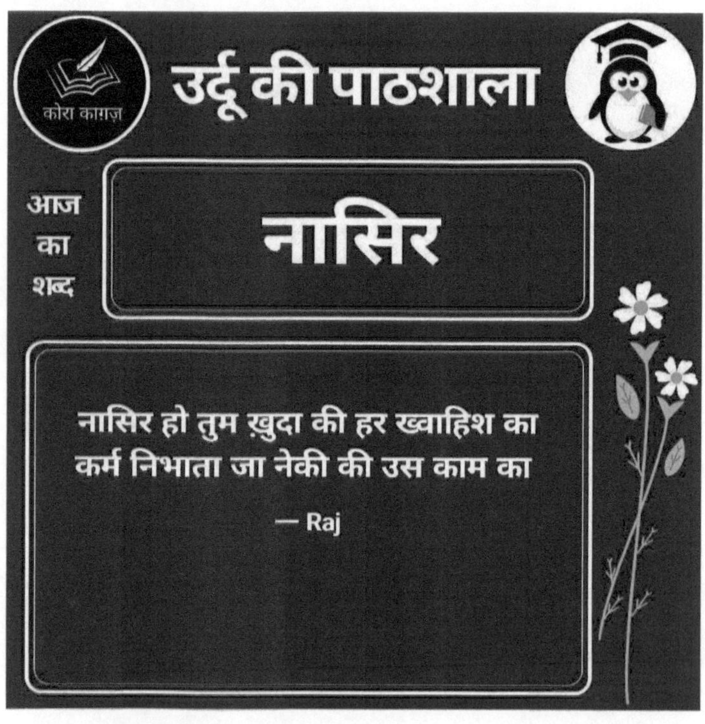

उर्दू की पाठशाला
कोरा काग़ज़
आज का शब्द
नासिर
नासिर हो तुम ख़ुदा की हर ख्वाहिश का
कर्म निभाता जा नेकी की उस काम का
— Raj

59. टुकड़े-टुकड़े दिल

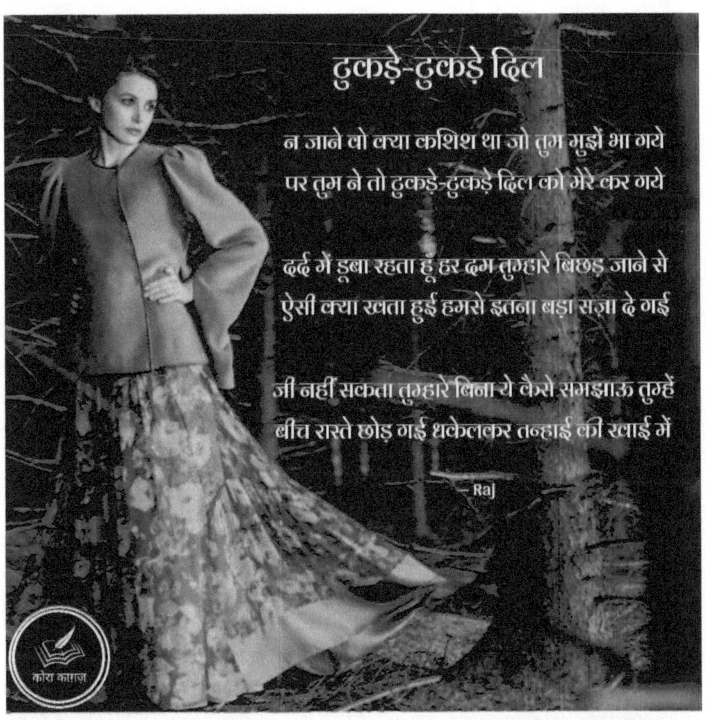

टुकड़े-टुकड़े दिल

न जाने वो क्या कशिश था जो तुम मुझें भा गये
पर तुम ने तो टुकड़े-टुकड़े दिल को मेरे कर गये

दर्द में डूबा रहता हूँ हर दम तुम्हारे बिछड़ जाने से
ऐसी क्या खता हुई हमसे इतना बड़ा सज़ा दे गई

जी नहीं सकता तुम्हारे बिना ये कैसे समझाऊ तुम्हें
बीच रास्ते छोड़ गई धकेलकर तन्हाई की खाई में

— Raj

60. शाहबत - अभिलाषा, इच्छा

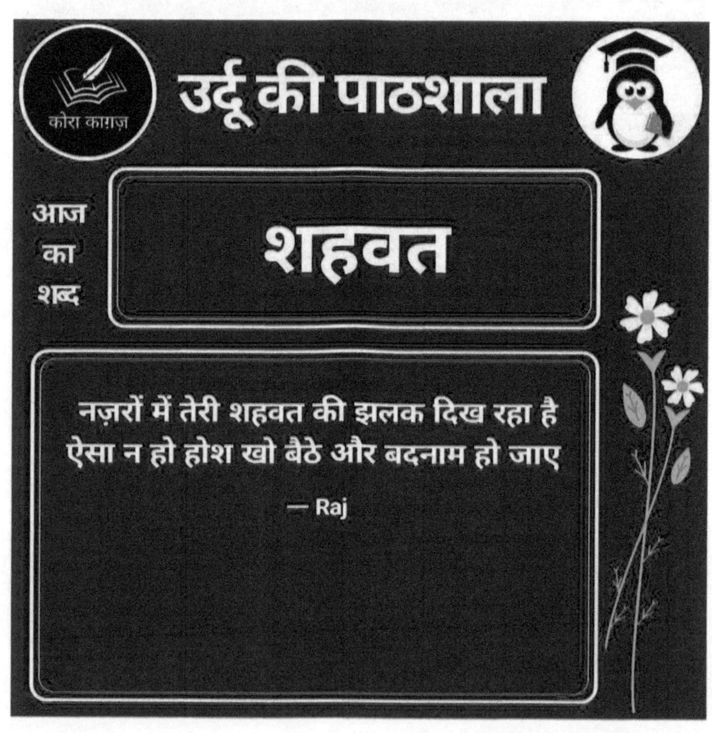

61. पास-ए-मंज़र - पुष्ठभूमि, पीछे वर्ग

62. ये छुअन ये सिरहन

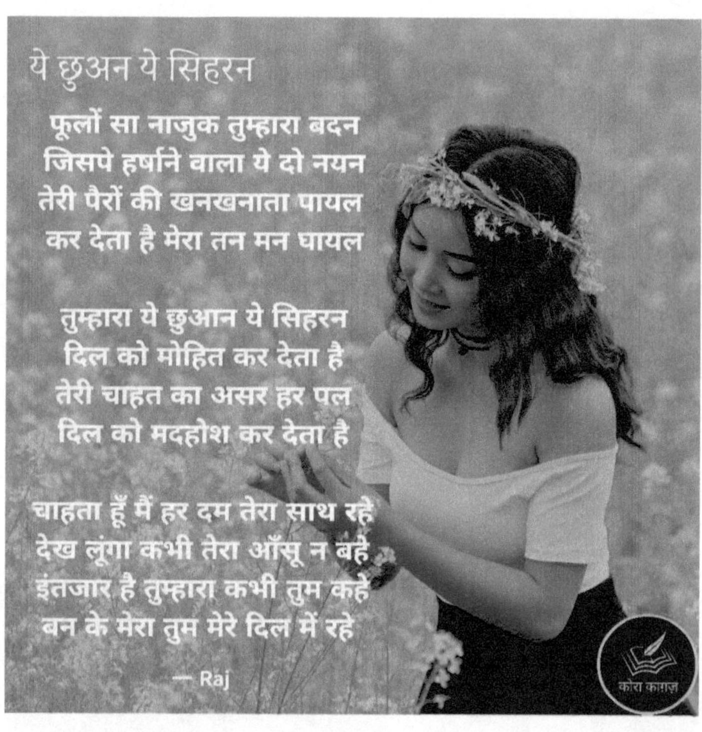

63. पल-पल दिल के पास

64. इशरत - मस्ती, मज़ा

65. परेशानियों का डर

परेशानियों का डर

परेशानियों का डर क्यों
ये जीवन का एक भाग है

हँस कर मुकाबला करो
अपने आप टल जाएगा ये

यह जीवन एक संघर्ष है
हर हाल में पार कर जाना है

मुश्किल वक़्त गुजर जाएगा
इस बात को समझ लेना है

हर अंधेरा को मिटकर यहाँ
एक नया सवेरा का आना है

ज़िन्दगी का यही हुसूल है
ये सुःख दुःख का मिश्रण है

— Raj

66. पयाम-ए-शौक़ - प्यार का पैगाम

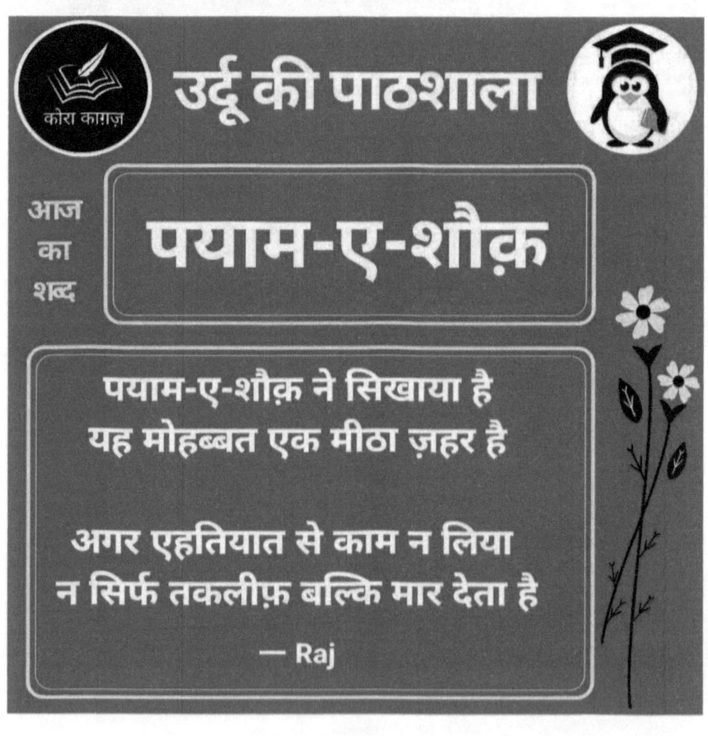

67. वश में नहीं ज़ज्बात

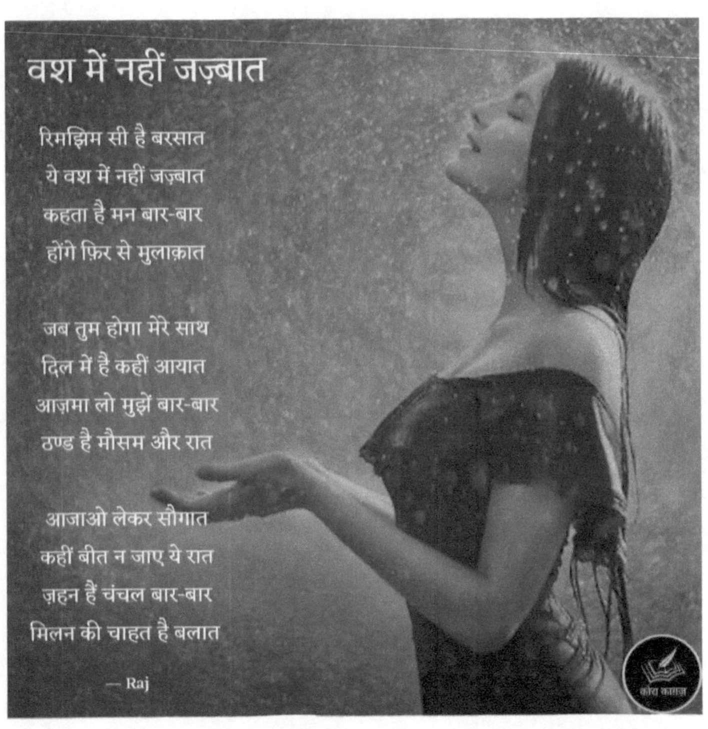

68. बिन पेंदी का लोटा

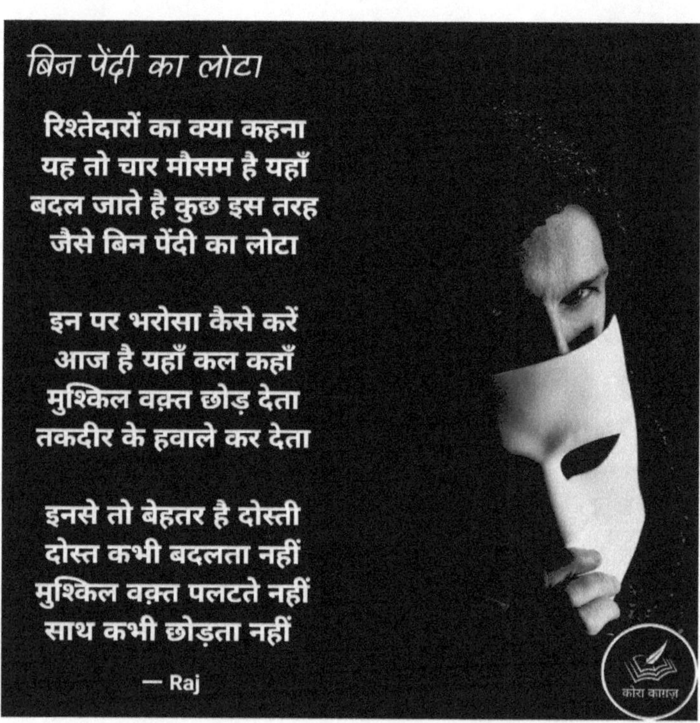

बिन पेंदी का लोटा

रिश्तेदारों का क्या कहना
यह तो चार मौसम है यहाँ
बदल जाते है कुछ इस तरह
जैसे बिन पेंदी का लोटा

इन पर भरोसा कैसे करें
आज है यहाँ कल कहाँ
मुश्किल वक़्त छोड़ देता
तकदीर के हवाले कर देता

इनसे तो बेहतर है दोस्ती
दोस्त कभी बदलता नहीं
मुश्किल वक़्त पलटते नहीं
साथ कभी छोड़ता नहीं

— Raj

69. रंगों की महफ़िल

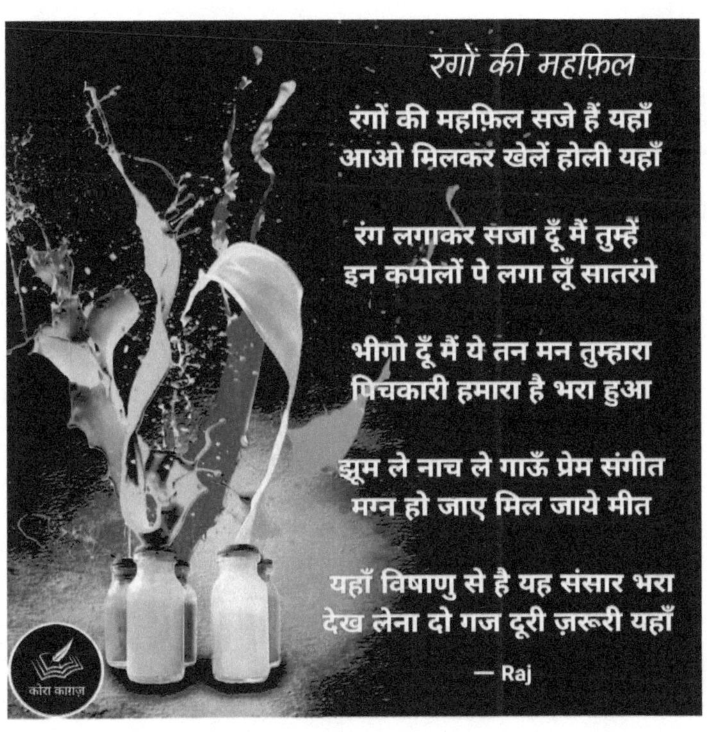

रंगों की महफ़िल
रंगों की महफ़िल सजे हैं यहाँ
आओ मिलकर खेलें होली यहाँ

रंग लगाकर सजा दूँ मैं तुम्हें
इन कपोलों पे लगा लूँ सातरंगे

भीगो दूँ मैं ये तन मन तुम्हारा
पिचकारी हमारा है भरा हुआ

झूम ले नाच ले गाऊँ प्रेम संगीत
मग्न हो जाए मिल जाये मीत

यहाँ विषाणु से है यह संसार भरा
देख लेना दो गज दूरी ज़रूरी यहाँ
— Raj

70. तेरे साथ सफ़र

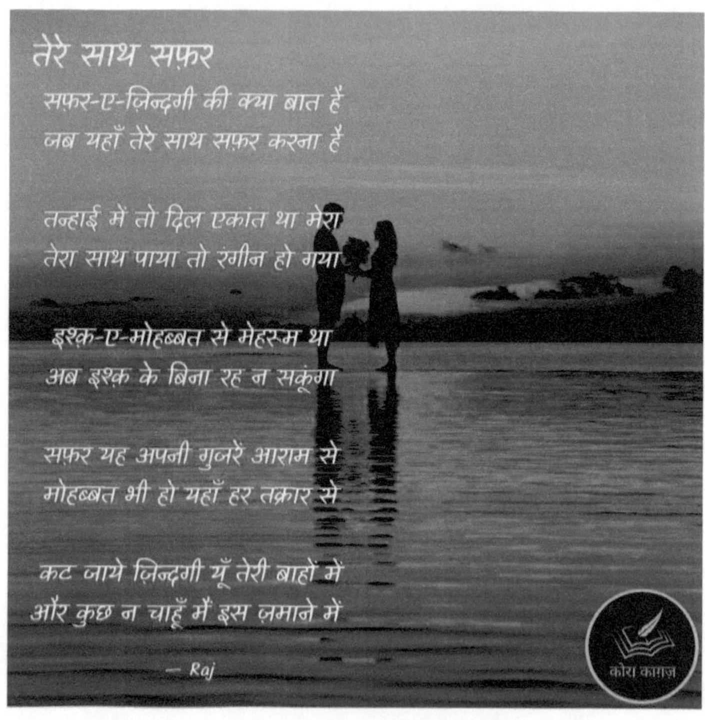

तेरे साथ सफ़र
सफ़र-ए-ज़िन्दगी की क्या बात है
जब यहाँ तेरे साथ सफ़र करना है

तन्हाई में तो दिल एकांत था मेरा
तेरा साथ पाया तो रंगीन हो गया

इश्क़-ए-मोहब्बत से मेहरम था
अब इश्क़ के बिना रह न सकूँगा

सफ़र यह अपनी गुजरें आराम से
मोहब्बत भी हो यहाँ हर तक्रार से

कट जाये ज़िन्दगी यूँ तेरी बाहों में
और कुछ न चाहूँ मैं इस ज़माने में

— Raj

71. शादमाँ - ख़ुश, प्रसन्न

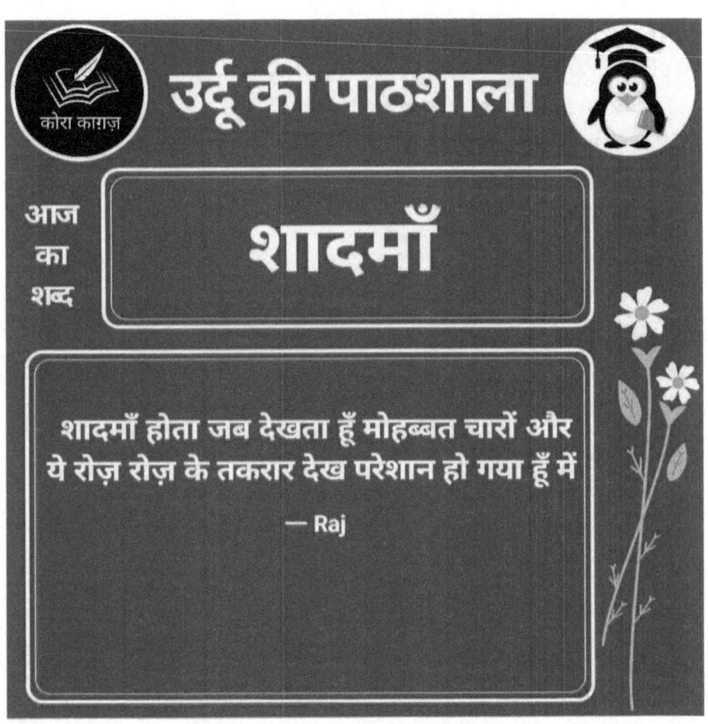

72. शैतानियाँ बचपन की

73. बदले बदले से तेवर

74. ज़िन्दगी एक पहेली है

75. सूरज को दिया दिखाना

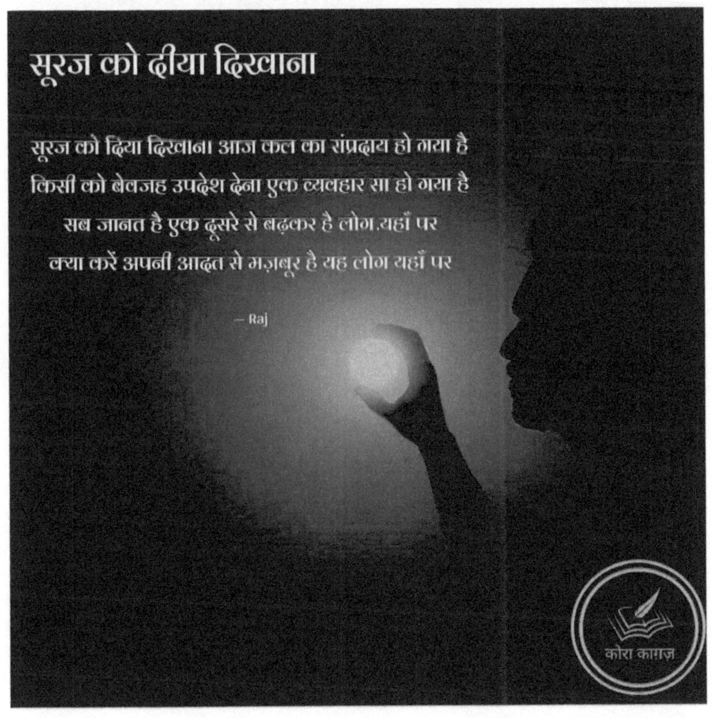

76. रंग चढ़ना

रंग चढ़ना

तिम्हे पहली बार मिलना
नज़रों से नज़र मिलना
मोहब्बत का रंग चढ़ना
एक दूजे का हो जाना
यह साब इतफाक नहीं
हमारा तकदीर हैं

— Raj

77. तलाश ख़ुद की

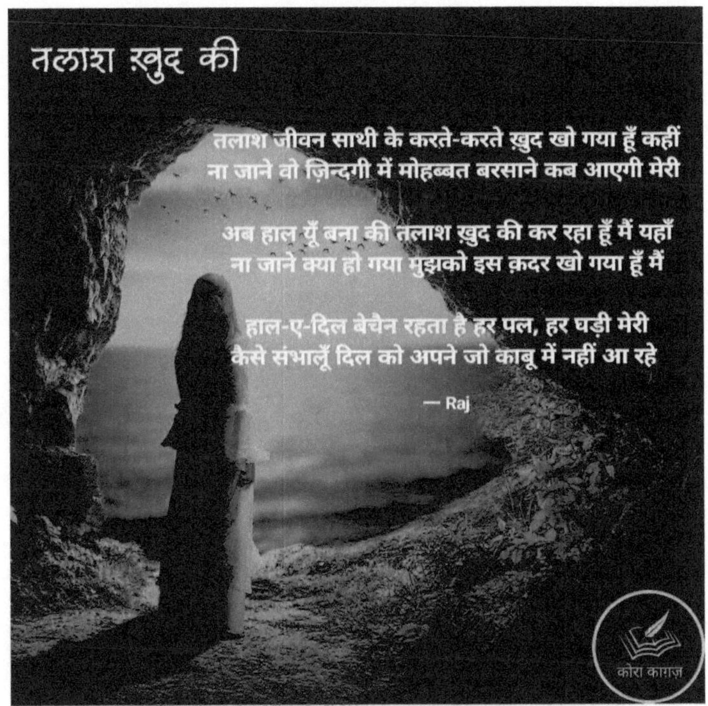

तलाश ख़ुद की

तलाश जीवन साथी के करते-करते ख़ुद खो गया हूँ कहीं
ना जाने वो ज़िन्दगी में मोहब्बत बरसाने कब आएगी मेरी

अब हाल यूँ बना की तलाश ख़ुद की कर रहा हूँ मैं यहाँ
ना जाने क्या हो गया मुझको इस क़दर खो गया हूँ मैं

हाल-ए-दिल बेचैन रहता है हर पल, हर घड़ी मेरी
कैसे संभालूँ दिल को अपने जो काबू में नहीं आ रहे

— Raj

78. तन्हाई से बातें

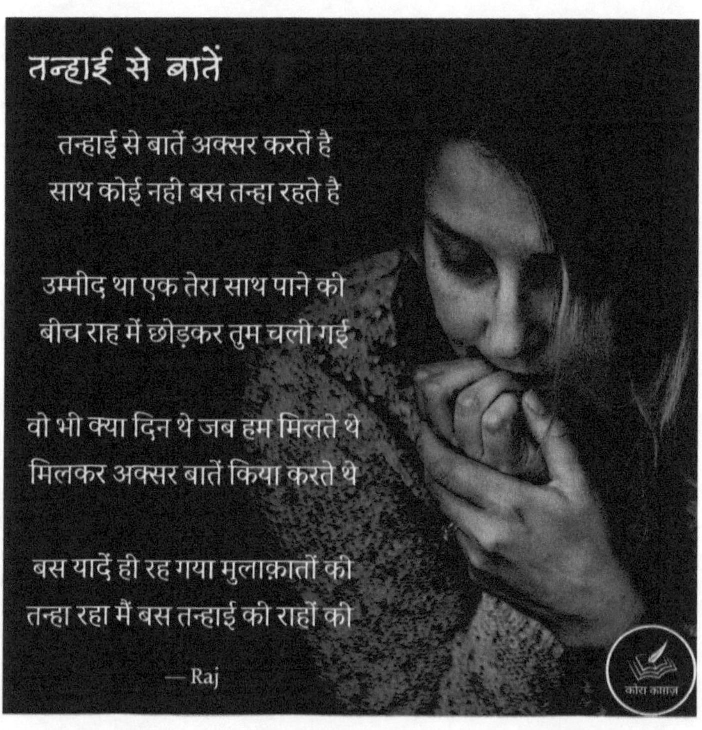

तन्हाई से बातें

तन्हाई से बातें अक्सर करतें है
साथ कोई नही बस तन्हा रहते है

उम्मीद था एक तेरा साथ पाने की
बीच राह में छोड़कर तुम चली गई

वो भी क्या दिन थे जब हम मिलते थे
मिलकर अक्सर बातें किया करते थे

बस यादें ही रह गया मुलाक़ातों की
तन्हा रहा मैं बस तन्हाई की राहों की

— Raj

79. तरतीब - व्यवस्था, क्रम

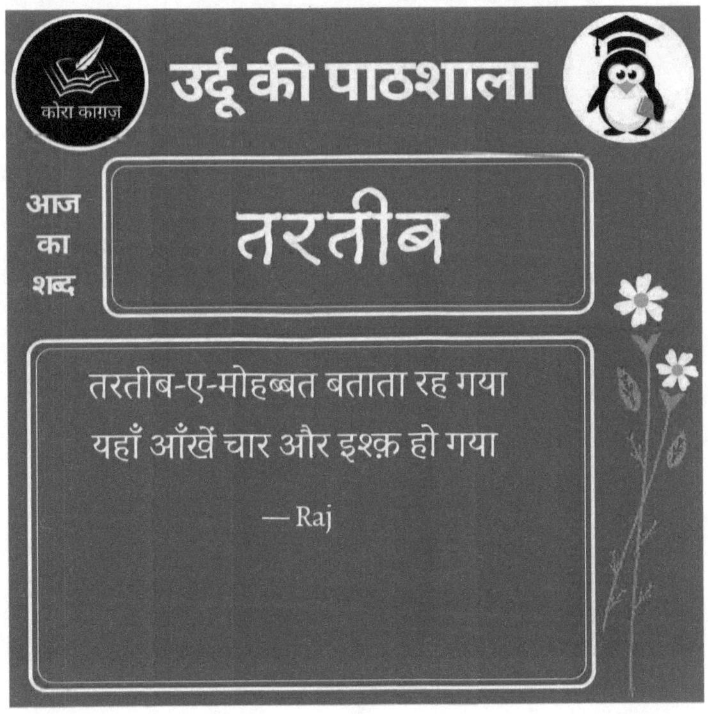

80. अन्धों में काना राजा

अन्धों में काना राजा

टीका लगाने जायेंगे नही
कहेंगे कुछ कहानी नई
पाठ नया कुछ सीखा देंगे
लोगो को यहाँ बड़का देंगे
यह लोग कुछ इस तरह है
जैसे अन्धों में काना राजा

— Raj

81. टूटे हुए सपने

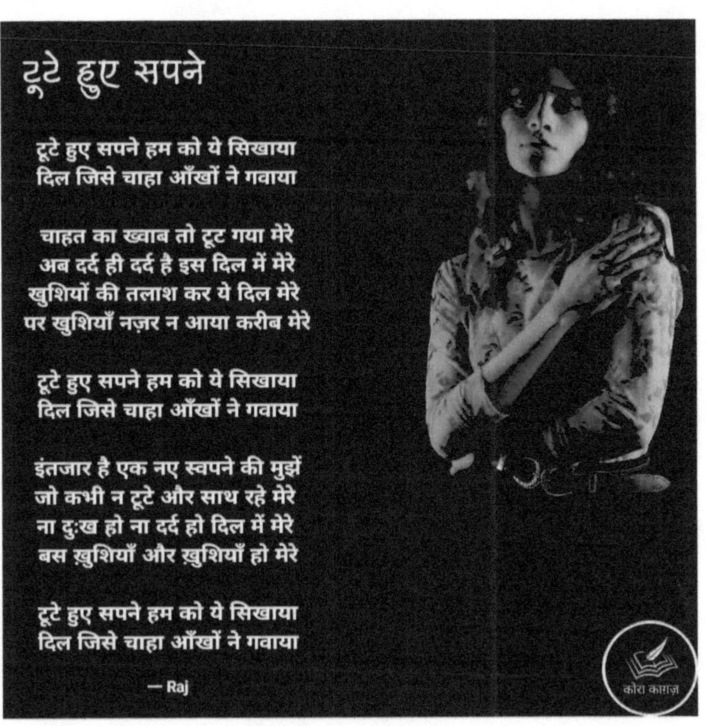

टूटे हुए सपने

टूटे हुए सपने हम को ये सिखाया
दिल जिसे चाहा आँखों ने गवाया

चाहत का ख्वाब तो टूट गया मेरे
अब दर्द ही दर्द है इस दिल में मेरे
खुशियों की तलाश कर ये दिल मेरे
पर खुशियाँ नज़र न आया करीब मेरे

टूटे हुए सपने हम को ये सिखाया
दिल जिसे चाहा आँखों ने गवाया

इंतजार है एक नए स्वपने की मुझें
जो कभी न टूटे और साथ रहे मेरे
ना दुःख हो ना दर्द हो दिल में मेरे
बस खुशियाँ और खुशियाँ हो मेरे

टूटे हुए सपने हम को ये सिखाया
दिल जिसे चाहा आँखों ने गवाया

— Raj

82. दुआओं में माँगा

दुआओं में माँगा

तुम्हारा साथ जो मिला मुझको
मानो जन्नत नसीब हुआ मुझको

तुम बिन शायद मैं रह नहीं पाते
जीना मेरा यहाँ दुश्वार हो जाते

हर पल हर दम ख़ुदा की दरबार
दुआओं में माँगा था साथ तुम्हारा

मेरा जीवन स्त्रोत्र अब तुम ही हो
कण कण और नस नस में तुम हो

अब दुआ माँगता रहता हूँ मैं सदा
सलामत रहे हमारा तुम्हारा रिश्ता

इश्क़ किया है और करता रहूँगा
आख़री साँस तक फलता रहेगा

— Raj

83. तजदीद - नवीनीकरण

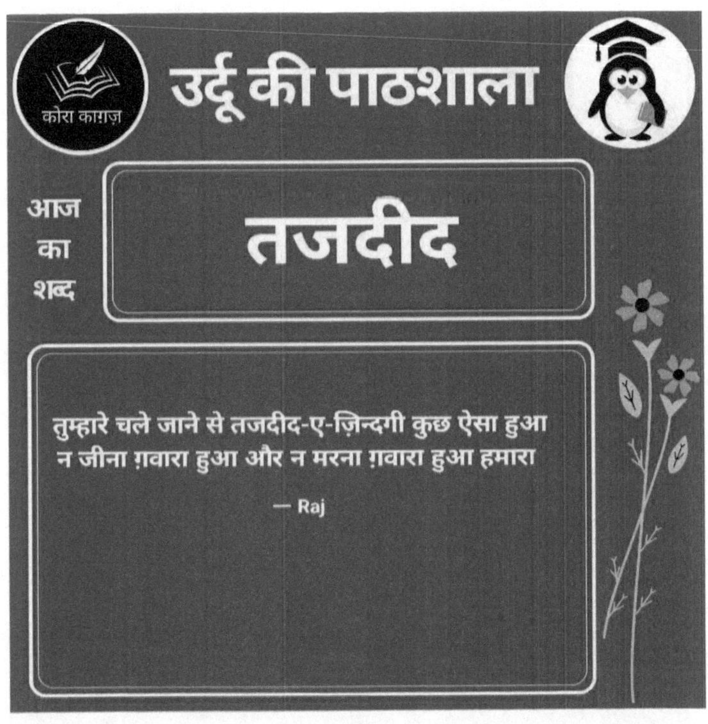

84. तसद्दुक़ - न्योछावर होना

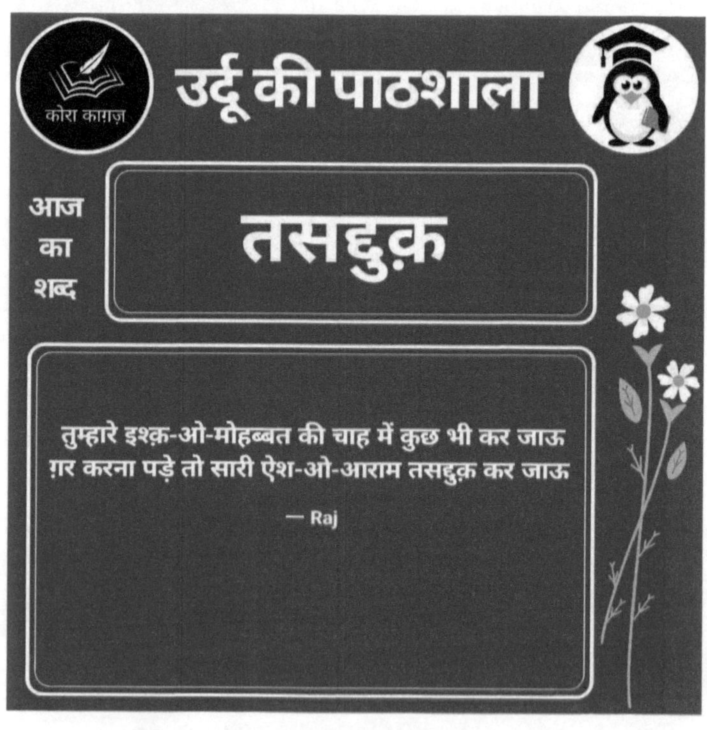

85. लट्टू होना

लट्टू होना

तुम्हारी चेहरा का नूर
और यह चाँद सा हूर
तुझे देख कर दिल मेरा
मोहब्बत में लट्टू होना

चाहत मेरी दो गुना है
दिल भी मेरा बेचैन है
हुस्न की परी हो तुम
और मेरा दिवाना होना

— Raj

86. ख़ुशियों की ख़ातिर

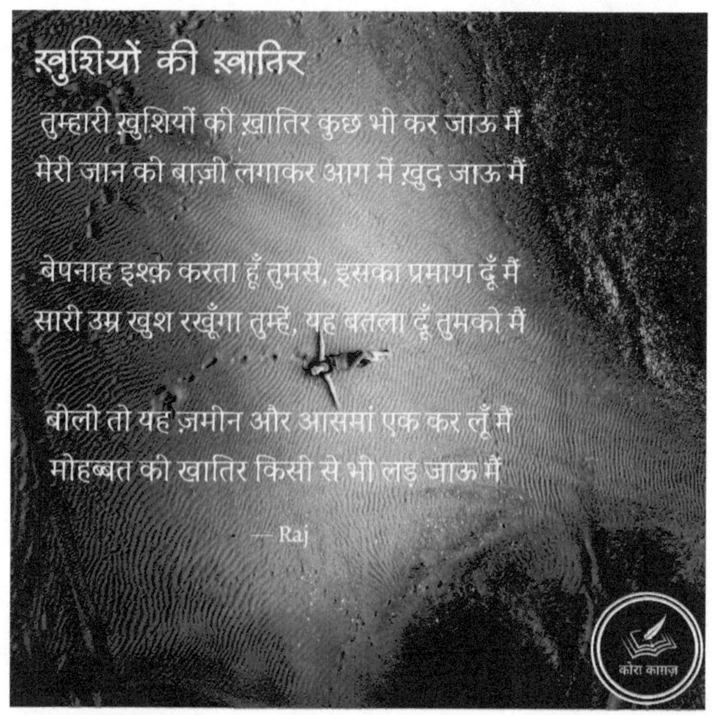

ख़ुशियों की ख़ातिर

तुम्हारी ख़ुशियों की ख़ातिर कुछ भी कर जाऊँ मैं
मेरी जान की बाज़ी लगाकर आग में ख़ुद जाऊँ मैं

बेपनाह इश्क़ करता हूँ तुमसे, इसका प्रमाण दूँ मैं
सारी उम्र खुश रखूँगा तुम्हें, यह बतला दूँ तुमको मैं

बोलो तो यह ज़मीन और आसमां एक कर लूँ मैं
मोहब्बत की ख़ातिर किसी से भी लड़ जाऊँ मैं

— Raj

87. मख़मूर - नशीला

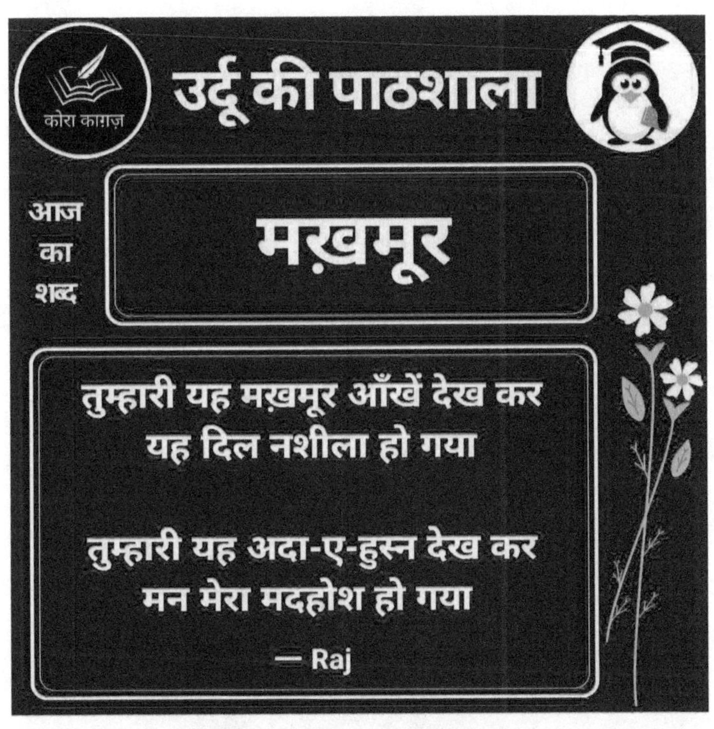

उर्दू की पाठशाला
आज का शब्द
मख़मूर
तुम्हारी यह मख़मूर आँखें देख कर
यह दिल नशीला हो गया

तुम्हारी यह अदा-ए-हुस्न देख कर
मन मेरा मदहोश हो गया
— Raj

88. रहमत - दिव्य आशीर्वाद

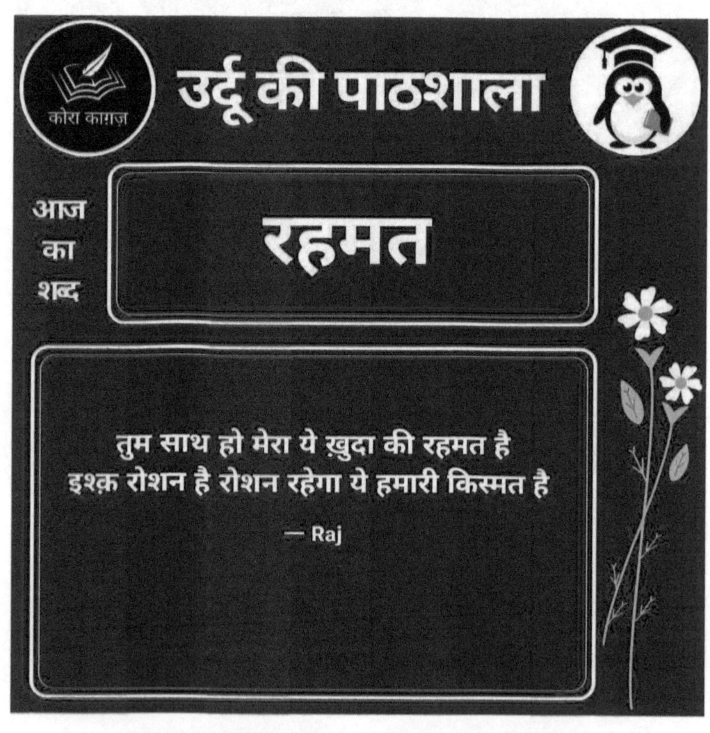

89. तवंगर - धनवान, मालदार

90. फ़ाश - खुला हुआ, ज़ाहिर

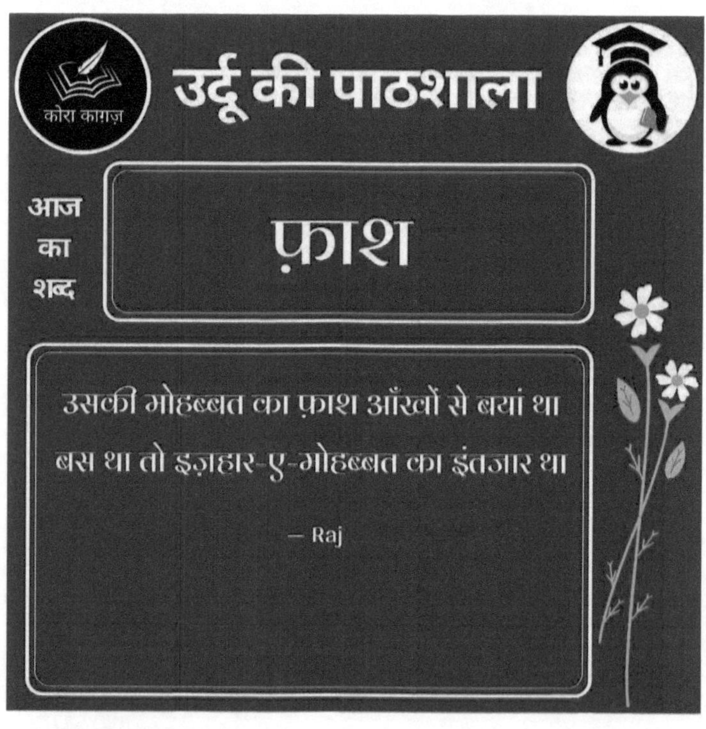

91. वादा-ए-विसाल - मिलने का वादा

92. वो अधूरा इश्क़

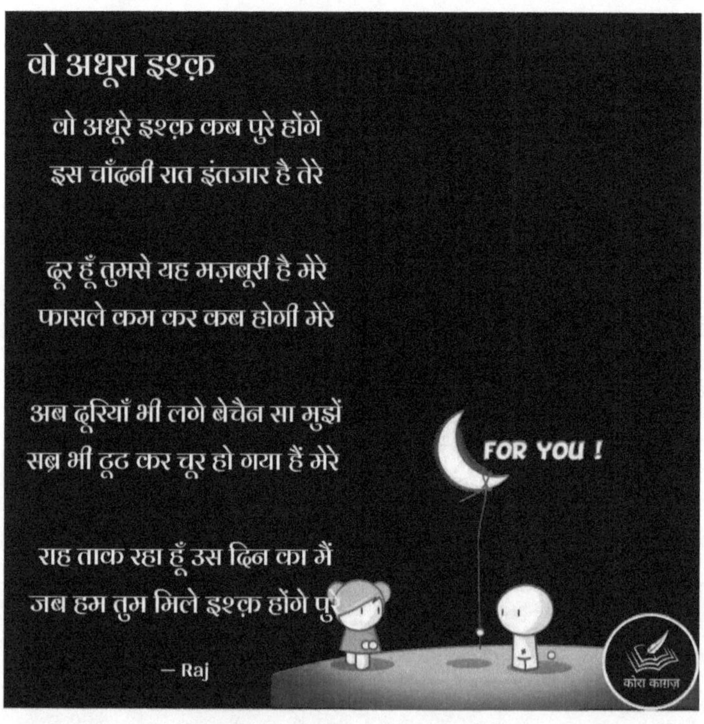

वो अधूरा इश्क़

वो अधूरे इश्क़ कब पुरे होंगे
इस चाँदनी रात इंतजार है तेरे

दूर हूँ तुमसे यह मज़बूरी है मेरे
फासले कम कर कब होगी मेरे

अब दूरियाँ भी लगे बेचैन सा मुझें
सब्र भी टूट कर चूर हो गया हैं मेरे

राह ताक रहा हूँ उस दिन का मैं
जब हम तुम मिले इश्क़ होंगे पुरे

FOR YOU !

— Raj

कोरा कागज़

93. वो ख़ूबसूरत शाम

वो ख़ूबसूरत शाम

वो ख़ूबसूरत शाम
जब हम तुम है साथ
मोहब्बत के नाम
और हो जाए बात

चाँद भी शरमाए
और चाँदीनी फैलाये
सितारों से भरी रात
और सब जगमगाये

कितना हसीन वो पल
जो साथ हम निभाए
यादों की ख़ज़ाने में
एक एहसास जगाये

— Raj

94. वक़्त की दरकार

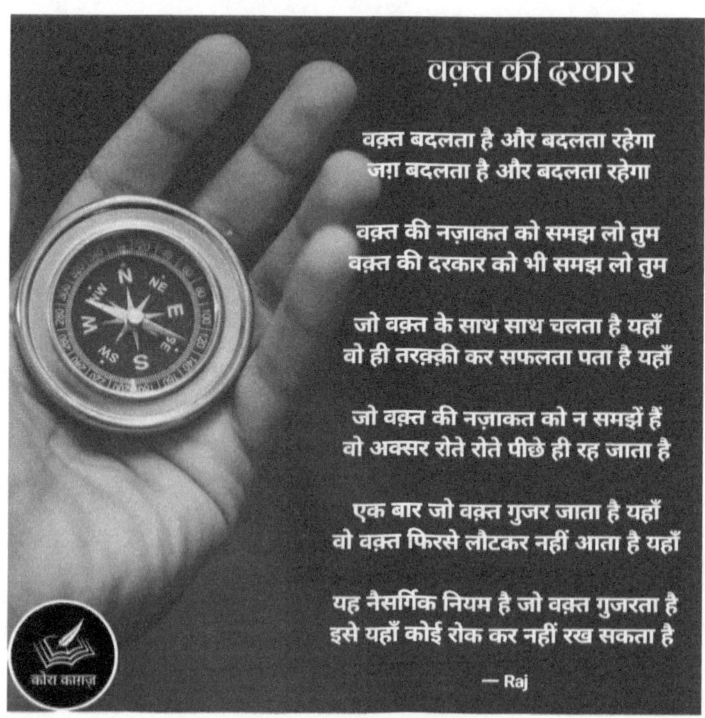

वक़्त की दरकार

वक़्त बदलता है और बदलता रहेगा
जग बदलता है और बदलता रहेगा

वक़्त की नज़ाकत को समझ लो तुम
वक़्त की दरकार को भी समझ लो तुम

जो वक़्त के साथ साथ चलता है यहाँ
वो ही तरक़्क़ी कर सफलता पता है यहाँ

जो वक़्त की नज़ाकत को न समझें हैं
वो अक्सर रोते रोते पीछे ही रह जाता है

एक बार जो वक़्त गुजर जाता है यहाँ
वो वक़्त फिरसे लौटकर नहीं आता है यहाँ

यह नैसर्गिक नियम है जो वक़्त गुजरता है
इसे यहाँ कोई रोक कर नहीं रख सकता है

— Raj

95. वो प्यार की थपकी

वो प्यार की थपकी

याद आ रहा है मुझें
वो प्यार की थपकी
जो पाया था मैंने
बड़े प्यार से सबसे

वो मोहब्बत का कोई
मिसाल नहीं है कोई
सच्चे प्यार का यहाँ
मौतज है हर कोई

नफ़रत की दुनिया में
मोहब्बत कहा खो गया
उस मोहब्बत की खोज में
बीत गया सारा पल यहाँ

— Raj

96. घोड़ों को घर कितनी दूर

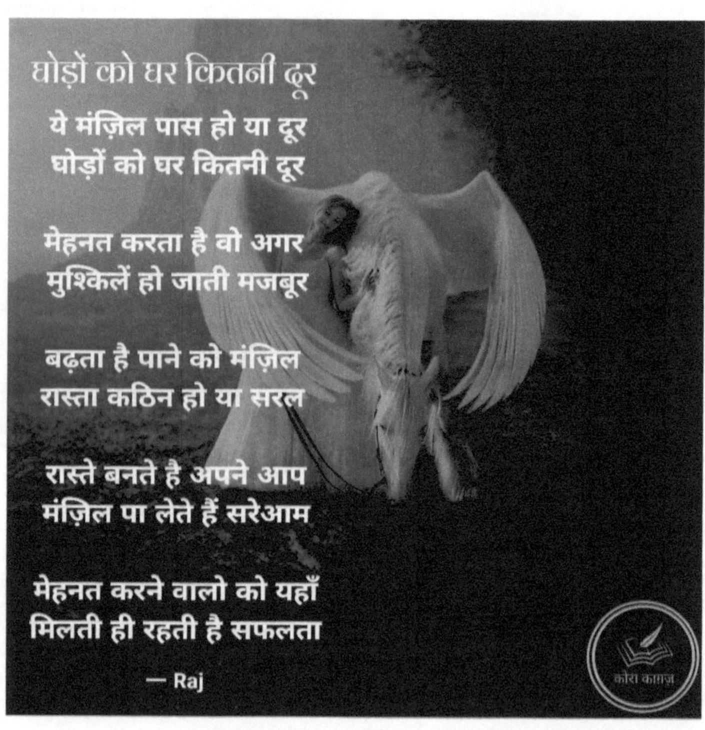

97. अकेला सफ़र

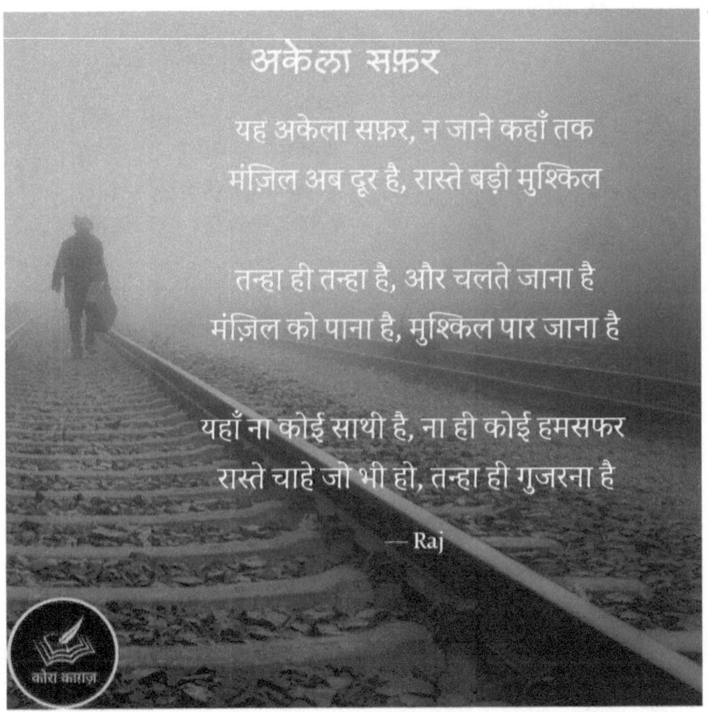

अकेला सफ़र

यह अकेला सफ़र, न जाने कहाँ तक
मंज़िल अब दूर है, रास्ते बड़ी मुश्किल

तन्हा ही तन्हा है, और चलते जाना है
मंज़िल को पाना है, मुश्किल पार जाना है

यहाँ ना कोई साथी है, ना ही कोई हमसफर
रास्ते चाहे जो भी हो, तन्हा ही गुजरना है

— Raj

98. अंग-अंग खिल उठना

99. ज़िंदान - क़ैद, क़ैदखाना

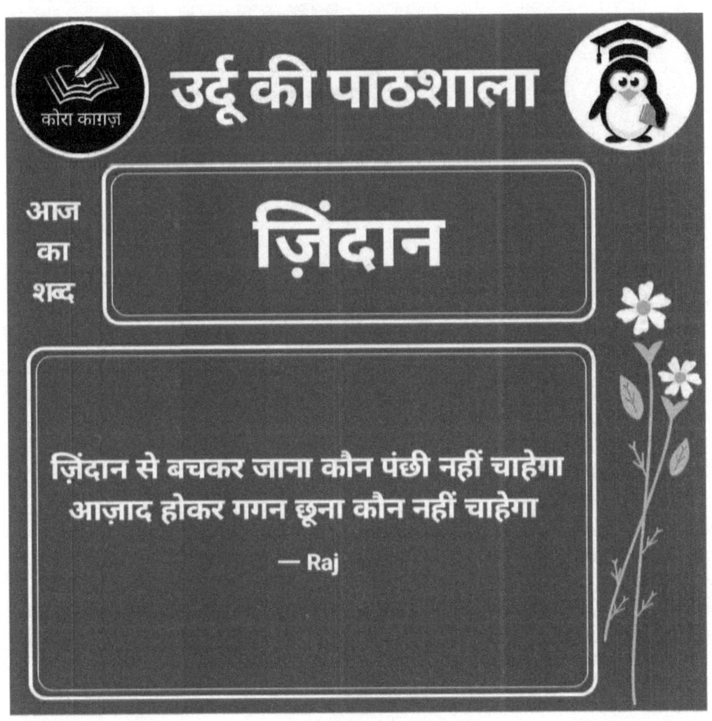

100. नए-नए अनुभव

अस्वीकरण

सभी रचनाएँ कल्पना पर आधारित हैं। इसका लेखक के जीवन या ब्रह्मांड में किसी से कोई लेना-देना नहीं है। सभी लेख काल्पनिक हैं और किसी जीवित या मृत व्यक्ति से कोई समानता नहीं है। यदि कोई समानता है तो यह मात्र संयोग है।

लेखक की जीवनी

श्री के.सी. श्रीराज मेनन, जिनका जन्म केरल के एक संपन्न परिवार में 09 सितंबर 1973 को श्री कोझीपुरथ संकुन्नी मेनन और श्रीमती किज़हारा चालापुरथ सेथुलक्ष्मी मेनन के घर हुआ और महाराष्ट्र में अधिवासित हैं। वह बचपन से ही तेज-तर्रार शायरी करते थे, कहते और भूल जाते थे। एक बार उनके एक करीबी दोस्त ने इस पर गौर किया और उन्हें जो भी कविताएँ या उद्धरण कहते थे, उन्हें लिखने के लिए मजबूर किया और तब से उन्होंने लिखना शुरू कर दिया। उन्होंने अपनी कविताओं और उद्धरणों को अपने और अपने करीबी दोस्तों के पास तब तक सीमित रखा जब तक उन्हें अपने कामों को ऑनलाइन लिखने के लिए एक मंच नहीं मिला। वह Your Quote साइट पर एक सक्रिय लेखक हैं और उन्हें प्रतियोगिता के लिए कई प्रशंसापत्र और प्रमाणपत्र प्राप्त हुए हैं। वह एक बहुभाषी लेखक हैं और उनका लेखन विस्मयकारी है। चाहे वह अंग्रेजी, हिंदी, उर्दू, मलयालम और मराठी हो, वह सभी भाषाओं में उत्कृष्ट है। वह कई दिलचस्प लेखकों के लिए एक बड़ी प्रेरणा भी हैं। वह मुंबई विश्वविद्यालय से स्नातक हैं। वह एक एकाउंटेंट हैं और एक स्व-शिक्षित कंप्यूटर इंजीनियर भी हैं। उनके कौशल शीर्ष पायदान पर हैं और उनके पास कई प्रमाणपत्र हैं। अभिनय, लेखन, पेंटिंग और नृत्य और संगीत सुनना आदि... आदि उनके जुनून हैं।
Mail Id.: shreeraj_m@yahoo.co.uk